# LES DIX PRINCIPALES
# ERREURS
## QUE COMMETTENT
## LES PASTEURS

# DAG HEWARD-MILLS

*Parchment House*

Sauf indication contraire, toutes les citations bibliques sont tirées
de la version Louis Segond de la Bible

Poème dans le Chapitre 1, par Gordon Lindsay. Source inconnue.

Titre original : *The Top 10 Mistakes Pastors Make*
Publié pour la première fois en 2014
par Parchment House

Version française publiée pour la première fois en 2014
Cinquième impression en 2016 par Parchment House
Traduit par : Professional Translations

Pour savoir plus sur Dag Heward-Mills

Campagne Jésus qui guérit
Écrivez à :  evangelist@daghewardmills.org
Site web :  www.daghewardmills.org
Facebook : Dag Heward-Mills
Twitter :  @EvangelistDag

Dédicace
À ma mère, *Mme Elisabeth Heward-Mills*
Tu m'as élevé. Tu m'as aimé et soutenu de différentes manières
durant toutes ces années et tu continues à le faire. Merci.
De la part d'un fils reconnaissant.

ISBN : 978-1-61395-489-8

# Table des matières

## *Chapitre 1*

# Être lent dans son ministère

**B**eaucoup de pasteurs sont lents à progresser dans leur ministère. Parfois, ils sont lents à obéir à l'appel de Dieu. Peut-être que c'est parce que beaucoup de pasteurs ont un tempérament flegmatique. La lenteur est une chose très dangereuse dans le ministère. L'un des facteurs déterminants de nos vies est la vitesse à laquelle nous avançons.

Quelle heure est-il sur l'horloge de Dieu ? Trois temps s'écoulent simultanément. Il s'agit de « *mon* temps » , « *votre* temps » et « *le* temps ».

**Jésus leur dit : Mon temps n'est pas encore venu, mais votre temps est toujours prêt.**

**Jean 7:6**

Regardez votre montre. Dans le naturel, c'est votre temps. Regardez la montre de quelqu'un d'autre. C'est son temps. Mais quel est *le* temps ?

Dans la vraie vie, chaque montre a un temps légèrement différent. Ma montre est généralement réglée quelques minutes en avance pour m'aider à ne pas être en retard. D'autres personnes ont des montres plus précises. Ce phénomène génère une multitude de temps pour chacun.

Dans le domaine de l'esprit, nous avons tous des temps différents. Mon temps est différent du vôtre. C'est pourquoi Jésus a dit : « Mon temps n'est pas encore venu, mais votre temps est toujours prêt. »

Il y a quelques années, le monde a été choqué par la mort soudaine et tragique de la princesse Diana. Personne ne s'attendait à ce qu'elle meure. Personne ne s'attendait à ce qu'elle meure ce dimanche matin-là.

Une semaine avant sa mort, si vous m'aviez demandé, « Quelle heure est-il ? » , je vous aurais dit, « on est dimanche matin, et c'est l'heure d'aller à l'église ». Si vous lui aviez posé la même question, elle aurait probablement répondu : « On est dimanche matin et il ne reste plus que quelques jours avant que j'aille en France avec mon fiancé ». Mais l'heure était en fait sept jours avant sa mort. Malheureusement, elle ne le savait pas.

Le samedi avant de mourir, elle dînait avec son petit ami égyptien à Paris. Si quelqu'un vous avait demandé, « Quelle heure est-il ? » , vous auriez pu dire, « Il est huit heures ». Si quelqu'un lui avait posé la question, elle aurait pu dire : « On est samedi soir et c'est l'heure de faire l'amour et de rêver d'un avenir meilleur ». Mais elle avait tort. La vraie heure pour elle était quelques heures avant sa fin. C'était aussi une semaine avant son enterrement.

« *Mon* heure » parle de l'endroit où je suis dans le calendrier de ma vie. « *Votre* heure » , parle de l'endroit où vous êtes dans le calendrier de votre vie, et « *L'*heure » , parle de l'endroit où nous sommes dans le calendrier général de Dieu.

À l'insu de beaucoup de gens, cette vie terrestre est très liée au temps. Chaque instruction ou occasion est liée au temps. Entendez cela et entendez-le bien : chaque instruction que Dieu vous a donnée comporte un chronomètre invisible. Un compte à rebours commence dès que Dieu vous parle. Le temps disponible pour exécuter ce travail diminue avec chaque heure qui passe. Beaucoup de gens pensent qu'ils ne font que gagner du temps et qu'ils prendront Dieu au sérieux plus tard. Ne vous y trompez pas ! La date d'expiration de votre période de grâce approche à grands pas.

Comme je le disais plus haut, la princesse Diana avait organisé son mariage. Ce qu'elle ne savait pas, c'est qu'elle n'était pas loin de la nuit de sa sortie hors du monde. Elle ne savait pas qu'elle allait faire l'objet du plus grand enterrement de tous les temps. Elle ne connaissait pas l'heure.

Savez-vous l'heure qu'il est ? Savons-nous l'heure qu'il est ?

Si Dieu vous a dit de faire un certain travail, l'horloge a commencé à égrener le temps qui passe. L'heure viendra où vous ne serez plus en mesure de vous acquitter de cette tâche.

Parfois, Dieu vous parle : « *Financez mon royaume* ». Peut-être que vous avez cinq ans pour Lui obéir. Peut-être qu'Il vous dira : « *Allez en tant que missionnaire* ». Peut-être que cette instruction a une validité de dix ans. Certaines personnes passent huit années de cette période à faire d'autres choses et puis dans les deux dernières années, elles tentent d'obéir à Dieu. Mais leur temps est presque écoulé. Rien d'efficace ne peut être fait dans les deux années restantes.

Un jour, Dieu va supprimer le temps de nos vies. Cela a été prophétisé dans le livre de l'Apocalypse où Il a juré qu'il n'y aurait plus de temps. Mais jusque-là, tout ce que nous avons à faire est entièrement relié à une horloge qui égrène le temps.

Chers Chrétiens, si vous pensez que vous avez l'éternité pour Lui plaire, vous vivez dans la plus grande erreur.

**Et jura par celui qui vit aux siècles des siècles, qui a créé le ciel et les choses qui y sont, la terre et les choses qui y sont, et la mer et les choses qui y sont, qu'il n'y aurait plus de temps,**

**Apocalypse 10:6**

**Il y a un temps pour tout, un temps pour toute chose sous les cieux**

**Ecclésiaste 3:1**

J'ai lu un livre dans lequel l'auteur dit : « Écrivez les livres que vous avez l'intention d'écrire et écrivez-les maintenant ». Il poursuivit : « À une autre étape de votre vie, vous n'écrirez pas les mêmes choses que vous auriez écrites alors ». Cela est tellement vrai. Peut-être que si je devais écrire aujourd'hui les livres que j'ai écrits il y a quelques années, je ne les écrirais pas de la même manière.

## Cinq vies en plus

Un jour, mes enfants jouaient sur leur playstation. Il y avait un animal qui traversait une jungle avec toutes sortes d'incroyables pièges et embuscades. De gigantesques roues apparaissaient et semblaient rouler sur le personnage. De profonds gouffres se creusaient dans lesquels il tombait. Des aigles survolaient la scène, essayant de le tuer. Alors que je regardais, le personnage de mon fils a été soudainement tué par un énorme animal, sorti d'on ne sait où.

Alors j'ai dit, « Oh, c'est la fin de la partie. Tu as perdu ton personnage ».

Mais il a répondu « Ne t'inquiète pas, j'ai cinq vies en plus. La partie n'est pas finie du tout ».

Les jeux vidéo nous font croire que nous disposons de plusieurs vies. Mais nous ne disposons que d'une seule vie et d'une seule mort. Le temps est compté et les opportunités nous échappent.

Il y aura même un moment où vous entendrez la Parole de Dieu, mais où vous ne serez pas en mesure de vous repentir. Dans le livre de Jean, Jésus dit : « Ne dites-vous pas qu'il y a encore quatre mois jusqu'à la moisson ? » En d'autres termes, ne vous accordez pas de temps supplémentaire. C'est le moment de la récolte. Il est temps de répondre maintenant.

**Ne dites-vous pas qu'il y a encore quatre mois jusqu'à la moisson ? Voici, je vous le dis, levez les yeux, et regardez les champs qui déjà blanchissent pour la moisson.**

**Jean 4:35**

Gordon Lindsay, un homme de Dieu, qui a construit des écoles bibliques et des églises dans les années Soixante, a écrit ce poème puissant. Il décrit la vie d'un jeune homme à qui on a proposé de participer à la récolte. Il a remis à plus tard, jusqu'à ce qu'il soit trop vieux pour obéir à Dieu. Son intention n'a jamais été d'ignorer l'appel de Dieu. Mais avant qu'il en prenne conscience, sa vie était finie. Lisez ce poème de Gordon Lindsay. Je crois que cela bénira votre cœur :

> *Le soleil se lève et le ciel est serein. Une journée commence sans souci ! Une journée de joie ! Une journée pour les loisirs ! Une journée de sensations fortes ! Une journée pour le plaisir ! La jeunesse est joyeuse. La jeunesse est gaie. La grande faucheuse est loin.*

> *Mais on entend un appel, c'est la voix du maître ! J'ai besoin de vous aujourd'hui, puis-je être votre choix. Une récolte est prête et les champs sont blancs. Voulez-vous rejoindre les moissonneurs au point du jour ? Réveille-toi, oh jeunesse, à la vision céleste. Parce que des multitudes, des multitudes se trouvent dans la vallée de décision. Le soleil du matin s'élève haut au-dessus de la terre !*

> *Un cri de détresse au milieu de la joie ! Des incroyants naissent et des incroyants meurent. N'y a-t-il personne pour les entendre pleurer ? « Oh oui » dit le jeune homme. Comptez sur moi pour vous aider à la récolte jusqu'à la fin de la journée. Pourtant, il s'attarda pour s'amuser encore un peu.*

> *Le soleil est haut, il est midi; vous aurez de mes nouvelles bientôt. J'ai épousé une femme, j'ai des biens à vous montrer : cinq paires de bœufs que j'ai acquis. Je vais bientôt répondre à l'appel. Je vais rejoindre le groupe. Prêt à donner un coup de main aux moissonneurs, mais il continua. Il avait une bonne affaire en vue.*

> *Le soleil de l'après-midi, la lumière vive, les reflets dorés hâtèrent leur vol. La conscience encore chargée de souvenirs difficiles. Il avait acquis des richesses, mais en voulait encore plus. Il faisait fièrement étalage de ses nombreuses possessions : des maisons et des granges, des terres et des fermes, des ruisseaux et des étangs, des actions et des obligations, des poulets et des porcs, des forêts et des bois, des cultures et des récoltes, des prairies et des meules de foin, des vergers et des baies, des vignobles et des cerisaies.*

> *Le jour s'allongeait, le jour déclinait, mais l'homme riche continuait à s'amuser, car une voix sinistre avait parlé et dit : « Amusons-nous, dansons ! Allez-y et faites la fête*

*pendant que vous en avez l'occasion. Tu es le maître du temps, tu es un géant. Il vit qu'il y avait encore du temps pour l'appel. Alors il fut un peu plus joyeux et s'amusa encore ». Et les heures passèrent jusqu'à ce qu'il n'en resta plus une seule.*

*Du lever au coucher de soleil. Le jour brillait de ses derniers feux sur le mur de l'Ouest. Les mains toujours occupées à mille choses. Le soir descend et le couvre-feu s'installe. La journée avait sombré dans un crépuscule rouge. Comme les multitudes se hâtent de rejoindre les morts.*

*« Je suis prêt, je suis prêt », dit l'homme enfin. Mais il ne pouvait pas tenir une poignée de mains bien ferme. Ses cheveux avait viré au gris sans qu'il s'en rende compte. Pourtant, il pensait toujours que c'était hier. Hélas, la récolte avait passé, il était trop tard. Pour sauver ceux qui étaient allés à la tombe sans le Christ.*

*Où est l'argent et où est l'or ? Où sont les biens d'une autre âme ? Où sont les moutons qui paissaient sur la colline ? Et où sont les troupeaux qui buvaient à la rivière ? Où sont les granges débordant de récoltes ? Et où sont les innombrables pur-sang ? Où sont les bijoux de famille ? Où sont les trésors ? Où sont les rires ? Où sont les plaisirs ? Où sont les porteurs ? Où est le vin ? Où sont les délices du palais ? Et les dîners si parfaits ?*

*Le soleil est bas. Et la nuit descend. L'été est passé, la récolte est terminée. Oh ! Avoir la chance de prolonger le temps ! Jamais il n'avait désiré gâcher sa vie ! Le soleil se couche et la nuit tombe. Que reste-t-il des possessions de l'homme riche ? Allez dans la vallée, auprès des collines, et voyez le marbre immobile. Des trésors lui ont été offerts au ciel. Mais il a pris à leur place la récompense froide d'une mort damnée !*

*Et ceux d'entre nous qui vivent aujourd'hui ? Ceci, c'est notre maison. Ne restons pas ! Un appel à la récolte jusqu'à ce qu'elle soit finie. Travaille maintenant, travaille vite et récolte, mon ami. Une nouvelle aube apparaît et le soleil se lève ! C'est au fidèle que le maître donnera la récompense.*

## Chapitre 2

# Diminuer l'importance du sacrifice

**Car la prédication de la croix est une folie pour ceux qui périssent ; mais pour nous qui sommes sauvés, elle est une puissance de Dieu.**

**1 Corinthiens 1:18**

La religion qui enseigne aux fidèles de se sacrifier sera la religion qui aura le pouvoir. Aujourd'hui, les ministres de l'Évangile ont mis de côté la seule chose qui donne à l'église le pouvoir. Aujourd'hui, d'autres religions enseignent à leurs jeunes gens de donner leur vie et tout sacrifier pour leur foi. C'est le christianisme qui vous apprend à porter votre croix et à vous sacrifier. C'est le fondateur du christianisme qui s'est sacrifié et a montré à tous comment faire. Et pourtant, les pasteurs prêchent rarement à propos de la croix, du sacrifice, de la souffrance, de la perte et de la mort qui sont une partie essentielle de notre foi. C'est une grande erreur et cela a retiré le pouvoir à l'église.

Jésus a dit que nous devions porter notre croix et le suivre. Il s'agit d'un sacrifice. Oh, combien nous nous sacrifions pour d'autres choses. Il est si triste que les pasteurs aient aujourd'hui un esprit si terre à terre.

Ne voyez-vous pas qu'un nouvel évangile, qui nous enseigne à saisir les biens terrestres, a remplacé la parole de Jésus ?

Des milliers de personnes ont suivi Jésus jusqu'à ce qu'il leur dise de boire son sang et de manger son corps. Dès que Jésus a prêché à propos de son sacrifice, son église a diminué. Mais c'est la manière d'accomplir les œuvres de Jésus. Pour croire en la croix et en tout ce qu'elle représente.

Je crois que la prédication de la croix redeviendra à nouveau populaire. La prédication de la croix est la prédication du vrai Évangile. Il est temps de revenir à la croix. Il est temps de chanter à nouveau à propos de la croix.

Aujourd'hui, les Chrétiens croient plus en leur existence terrestre qu'en leur récompense céleste. Si nous devions payer le même prix que celui que nous payons pour les choses terrestres, peut-être que les œuvres de Dieu seraient accomplies.

Une fois, j'ai discuté avec un médecin et je lui ai demandé combien d'années il avait étudié la médecine. Il m'a répondu : « Environ vingt-deux ans. »

Je me suis dit : « N'est-ce pas merveilleux ? Quelqu'un peut passer vingt-deux ans de sa vie à acquérir un métier qu'il va employer pour une vingtaine d'années. Mais combien de jours de notre vie pour suivre Jésus ? » Malheureusement, nous ne croyons pas vraiment que le ministère soit une cause qui vaille la peine de mourir.

Je me demande toujours : « Quelle est la différence entre mon ministère et celui du Christ ? ». Où sont les guérisons ? Où sont la prédication et l'enseignement ?

Si vous voulez suivre Jésus, vous devez croire à la réalité du sacrifice. Vous devez suivre l'exemple de Jésus et payer le prix élevé que Dieu vous demande. Vous devez prêcher à propos de la croix. Vous devez porter votre croix. Vous ne pouvez pas rester assis sur un banc et envoyer les gens à la croix. Ce n'est pas comme cela que ça fonctionne. *Vous* devez porter *votre* croix et suivre Jésus qui a porté *Sa* croix !

## Chapitre 3

# Minimiser l'importance de l'humilité

**Et dit : Je vous le dis en vérité, si vous ne vous convertissez et si vous ne devenez COMME LES PETITS ENFANTS, vous N'ENTREREZ PAS dans le royaume des cieux.**

**Matthieu 18:3**

Les pasteurs sont souvent à l'opposé des enfants. C'est une grave erreur, car on ne peut plus rien leur enseigner. Beaucoup de pasteurs ne prennent pas la peine d'écouter les messages de la prédication. La plupart des pasteurs ne répondraient jamais à un appel à l'autel, peu importe combien ils ont besoin de la prière. Nous sommes si embarrassés et ne voulons pas avoir l'air bête devant quiconque.

C'est parce que les pasteurs sont si différents des enfants, qu'ils sont incapables de saisir les différents aspects du Royaume. Le salut n'est pas la seule chose qui exige une attitude d'enfant. Il est nécessaire d'être comme un enfant pour entrer dans tous les autres domaines du Royaume de Dieu. Beaucoup de pasteurs ne disent pas « Amen » au cours de la prédication. Ces pasteurs ne lèvent pas les mains au cours du culte.

Vous ne pénétrerez pas dans une dimension plus élevée de la prédication, ou vous ne verrez pas une croissance de votre église, parce que vous refusez d'être comme un enfant. Un enfant est prêt à apprendre quelque chose de nouveau. Un enfant croit qu'il ne sait pas tout. Les enfants croient presque tous aux contes de fées. Mais vous ne croyez presque en rien.

J'ai dû être comme un enfant pour améliorer ma prédication. J'ai constamment modifié mon style et ma manière de prêcher. Initialement, ma prédication était de bon sens parce que la personne avec qui j'ai étudié était un professeur rationnel et de bon sens. Avec le temps, j'ai réalisé que mes fidèles étaient plus ouverts à une prédication agitée, vibrante et passionnée. J'ai décidé d'apprendre comment le faire aussi. J'ai dû apprendre cela auprès de ceux qui réussissaient à le faire.

Je devais être comme un enfant et ouvert à un ministère d'un tout autre type. Lorsque vous êtes un prédicateur rationnel, de bon sens, il est facile de mépriser les prédicateurs émotionnels, passionnés, inspirés. Avec fierté, vous les négligez parce qu'ils ne semblent pas dire grand-chose. Il ne semble pas y avoir beaucoup de substance dans leur flot de paroles. Vous pensez en vous-même, « Il n'a pas assez d'arguments ou de versets bibliques. »

Être comme un enfant dans le ministère vous permettra d'apprendre de tout le monde, y compris des personnes qui vous sont inférieures et de celles que vous ne respectez pas. Vous ne mépriserez jamais un autre homme de Dieu et vous ne le considérerez pas comme étant insignifiant. Vous saurez que vous pouvez apprendre de tout le monde.

J'apprends souvent quelque chose de chaque église que je visite. Récemment, une de mes églises filiales organisait un service spécial décontracté d'évangélisation et j'ai pensé que c'était une excellente idée. J'ai décidé de les copier immédiatement. Cela ne me pose aucun problème d'apprendre de mes propres fils dans le ministère.

La plupart d'entre nous ignorent les nouvelles dimensions du ministère à cause de notre orgueil et de notre auto-suffisance. Comment pourrais-je être supérieur à un autre ministre ? Pourquoi être trop confiant et développer un air d'auto-suffisance ? Cette attitude nous empêche de saisir les dimensions nouvelles et plus élevées du ministère.

Il fut un temps dans mon ministère où je ne m'exerçais pas beaucoup dans le ministère de l'Esprit. Cependant il y avait un pasteur qui se trouvait dans toutes sortes de manifestations étranges de l'Esprit. J'étais curieux, j'étais comme un enfant et je voulais apprendre autant que je le pouvais. J'ai commencé à participer à des programmes où il exerçait son ministère. Je l'ai aussi invité à venir dans notre église. Je regardais avec étonnement alors que ce pasteur exerçait son ministère sous une onction particulière. Chaque type de manifestation de l'Esprit avait eu lieu. J'ai vu une fois une dame se déplaçant sur le sol comme un serpent !

Un jour, ce pasteur a été invité dans une autre église et il y exerça son ministère pendant quelques jours. Plus tard, j'ai rencontré le pasteur qui l'avait invité. J'ai été surpris par les remarques désobligeantes qu'il faisait à propos de ce « ministre des manifestations ». Il laissait entendre que « Ces manifestations ne menaient nulle part et n'étaient pas très importantes ».

Mais je me demandais : « Pourquoi ce pasteur se distancie-t-il de quelque chose de nouveau ? » Nous nous distancions souvent de dimensions nouvelles et plus élevées du Royaume de Dieu. Personne ne sait tout. Dieu a volontairement donné des éléments de connaissance à différentes parties de son corps. C'est le dessein de Dieu. Il est destiné à nous humilier. Il est destiné à faire en sorte que nous ayons besoin les uns des autres et que nous nous demandions mutuellement de l'aide.

Quoi de plus humiliant que d'avoir à demander de l'aide ? C'est parce que j'ai eu une attitude d'enfant (d'apprentis) envers les manifestations de l'Esprit, que je délivre maintenant mon ministère et je suis tout à fait à l'aise dans ce domaine.

Je me souviens quand je souhaitais aller dans le ministère de la guérison. J'ai prié à ce propos et j'ai demandé au Seigneur que fallait-il faire. Le Seigneur m'a indiqué un ministère en particulier. Il m'a dit de le suivre et que je recevrais l'onction de prêcher aux malades. Quand j'ai commencé à écouter les cassettes de ce ministre, je les ai trouvées difficile à comprendre.

Ma femme les a trouvées encore plus difficiles à comprendre. Une fois, je me suis dit : « Qu'est-ce que c'est que cette prédication ? Personne ne pourrait la comprendre ». Mais j'ai continué à écouter ses cassettes et à suivre son ministère. Comme je me suis humilié et que j'ai continué, un jour vint où les choses ont commencé à se mettre en place. J'ai soudain compris ce qui se passait et j'ai pu suivre le message. Je le regardais exercer son ministère et j'étais béni. J'ai commencé à savoir quoi faire dans le ministère de guérison. Peu à peu, j'ai accédé à une dimension très difficile, mais gratifiante du ministère. *Quel parcours humiliant c'est d'entrer dans les nouvelles dimensions du Royaume de Dieu !*

Cher pasteur, vous pouvez peut-être ignorer de nombreux aspects merveilleux du Royaume de Dieu parce que vous n'êtes pas comme un enfant. Un enfant ne s'intéresse pas à l'âge, au sexe ou à l'origine ! Un enfant reçoit simplement ! Humiliez-vous devant le Seigneur et il vous élèvera vers de nouveaux horizons dans le ministère.

**C'est pourquoi, quiconque se rendra humble comme ce petit enfant sera le plus grand dans le royaume des cieux.**

**Matthieu 18:4**

J'ai assisté une fois à une rencontre internationale de pasteurs de grandes églises. Il s'agissait des pasteurs des plus grandes églises dans leurs pays. Tous les pasteurs dégageaient un air d'importance. La plupart d'entre nous, nous étions préoccupés de nous-mêmes et de la réussite que nous avions rencontrée dans nos pays respectifs. Je me demandais qui est le pasteur qui avait le mieux réussi ici ? Qui était le meilleur ?

Je me suis assis près d'un pasteur américain qui m'a posé des questions sur le revenu de mon église. J'ai hésité. Il m'a alors dit le revenu de son église. J'ai fait un rapide calcul mental et j'ai réalisé que ce pasteur gagnait en un mois ce que je gagnais en un an. J'ai hésité encore davantage à lui déclarer les revenus de mon église. Cela semblait trop petit pour être vrai.

Ensuite, un autre Américain a indiqué combien il payait pour une heure de télévision. J'ai réalisé qu'il payait pour une heure ce que je payais pour une année d'émissions. Alors que nous nous promenions dans la salle en bavardant et en faisant connaissance, je demandais : « Comment est votre église ? »

L'un d'entre eux disait : « J'ai seize mille membres » , « J'ai vingt mille membres » , « J'ai onze mille membres ». Je vous le dis, je ne pouvais pas trouver quelqu'un avec moins de dix mille membres ! Je me suis senti intimidé alors que je marchais parmi les « grands » du ministère.

Plus tard, j'ai rencontré ces pasteurs à l'hôtel Hilton de cette ville. Beaucoup d'entre eux étaient à l'aise au contact de la richesse. Ils avaient voyagé en première classe et étaient très à l'aise dans un établissement cinq étoiles. Bien sûr, j'étais également heureux d'être là et je me suis mis à l'aise.

Plus tard cette nuit-là, j'ai remercié Dieu de m'avoir placé parmi les plus grands pasteurs de la terre. Certes, pensais-je, je dois maintenant moi-aussi être un des plus grands pasteurs.

« C'est la société à laquelle je veux appartenir » , pensai-je. « Et je vais rester auprès de ces merveilleux hommes de Dieu ».

Plus tard, nous avons assisté à la conférence et quand je suis arrivé dans le hall d'entrée, l'administrateur s'est approché de moi et m'a donné un badge décoré de petites fleurs. Je l'ai regardé et j'ai vu qu'il y était inscrit « V.I.P. ».

Je me suis dit : « Je m'élève plus haut de minute en minute ». J'ai regardé autour de moi pour voir si d'autres personnes avaient reçu ce même badge et j'ai remarqué que seuls quelques privilégiés l'avaient. Ceux d'entre nous qui avaient le badge V.I.P. ont été escortés aux premiers rangs de la salle. Comme je me suis assis au premier rang, j'ai regardé en arrière et j'ai su que Dieu m'avait élevé dans les rangs supérieurs.

Quand j'ai enfin quitté la conférence, j'ai été conduit à l'aéroport dans une superbe limousine noire. Je me sentais comme un président. Enfin, je savais que Dieu m'avait élevé dans le ministère. En m'asseyant à l'arrière de ma voiture, j'ai remarqué toutes sortes de gadgets modernes, dont une télévision. J'ai appuyé sur quelques-uns des boutons et j'ai essayé tous les gadgets de la voiture. Je me suis assis confortablement, j'ai croisé mes jambes et j'ai profité du trajet jusqu'à l'aéroport. La voiture était comme un grand salon de direction. J'avais sans aucun doute atteint les hauteurs du ministère et je côtoyais les plus grands. J'avais maintenant la confirmation que j'étais en effet l'un des plus grands.

Ce n'est que des années plus tard que le Seigneur m'a permis de percevoir sous un nouvel angle ceux qu'Il considérait comme étant importants. Le plus grand d'entre nous est le plus humble. Jésus n'a jamais parlé de la taille de votre église, de la voiture que vous conduisez, ou de l'argent que vous avez. La mesure de la grandeur divine est complètement différente des choses terrestres.

En fait, le plus grand pasteur lors de cette conférence était le plus humble d'entre nous. Malheureusement, le succès et la richesse ne font généralement pas bon ménage avec l'humilité. La plupart des gens riches et prospères perdent l'humilité qu'ils avaient. Le plus grand d'entre nous n'était pas celui avec le badge VIP, mais celui qui était le plus humble dans son cœur. Dieu merci, il est possible d'être humainement grand et également grand aux yeux de Dieu. Nous devons nous efforcer d'être grand aux yeux de Dieu.

Un jour, je me suis assis avec un groupe de mes pasteurs. Je leur ai dit : « Vous serez peut-être plus grands que moi dans le ciel ». Ils ont ri. « Comment pouvez-vous dire une chose pareille ? » . Ils ont été tellement habitués à se soumettre à moi et à me voir en avance sur eux.

Je leur ai demandé : « Pouvez-vous m'imaginer en train de vous servir au Ciel ? »

Je leur ai dit : « Ne soyez pas trompés par ce que vous voyez sur la terre. Le plus grand d'entre nous est le plus humble dans son cœur » . Le premier sera le dernier et le dernier sera le premier.

## Chapitre 4

# Tirer sa gloire des hommes

**Comment pouvez-vous croire, vous QUI TIREZ VOTRE GLOIRE LES UNS DES AUTRES, et qui ne cherchez point la gloire qui vient de Dieu seul ?**

**Jean 5:44**

« La gloire de l'homme » est la plus grande influence qui s'exerce sur les ministres en dehors de l'Esprit Saint. La gloire de l'homme est tout simplement le respect et l'admiration qui viennent d'autres hommes dans la société.

Jésus a clairement indiqué qu'il n'avait pas reçu le respect et l'admiration des hommes.

Cela signifie qu'il n'a rien fait dans le but d'être honoré par les hommes. Il a expliqué : « Comment pouvez-vous croire que vous recevez la gloire les uns des autres ? » En d'autres termes, comment pouvez-vous être en harmonie avec Dieu quand il est important pour vous de recevoir le respect et l'honneur des hommes ?

J'ai découvert que l'honneur des hommes est ce qui influe le plus sur ce que les gens font. Sans le savoir, la plupart d'entre nous désirent recevoir l'admiration et le respect de la part d'un groupe d'êtres humains. Nous voulons qu'ils nous approuvent et qu'ils admirent nos réalisations. Notre scolarité, nos conjoints, nos voitures, nos maisons, notre nourriture et nos vêtements sont conçus pour susciter l'approbation des gens autour de nous.

Tout comme le Saint-Esprit, la gloire de l'homme exerce une influence invisible, mais qui est bien réelle.

Presque toutes les décisions qu'un ministre prend est un choix entre suivre le Saint-Esprit et rechercher la gloire des hommes.

Je vais vous donner sept exemples :

## 1. La gloire de l'homme vous empêche de devenir pasteur.

Quand je suis devenu pasteur, il n'y avait pas beaucoup de pasteurs en ville. Ce n'était pas une chose honorable que de devenir pasteur. J'ai entendu des gens se moquer de moi parce que je m'appelais pasteur. L'attention aux impressions que les gens avaient de moi aurait pu m'empêcher d'obéir à l'appel de Dieu.

## 2. L'honneur de l'homme vous empêchera d'avoir une église.

Avoir une église dans la partie de la ville où notre église se trouve était aussi un défi. Elle est située à Korle Gonno, l'un des quartiers pauvres et difficiles d'Accra, au Ghana. Qui voudrait venir à l'église dans un tel quartier ? Le bâtiment de l'église que nous avions acquis se trouvait au milieu d'un immense dépotoir. Construisions-nous une église pour recevoir l'admiration des hommes ou la construisions-nous sous l'influence du Saint-Esprit ?

Il y a plusieurs années de cela, quand je suis devenu chrétien, je n'aurais pas rejoint l'église que j'ai rejointe si l'honneur et l'admiration des hommes avaient été importants pour moi. L'église que j'ai rejointe a été initiée par un ancien toxicomane qui n'était pas allé plus loin que la maternelle.

Une fois, j'ai amené mes petites sœurs à l'église et elles ne pouvaient pas se retenir de rire pendant une heure-et-demie en entendant ses incroyables fautes de grammaire. Le service religieux se tenait dans le couloir de la maison du père du pasteur. Ma famille et mes amis, élitistes, ne pouvaient pas s'identifier facilement avec une telle église ou un tel pasteur.

Étais-je à la recherche du respect et de l'admiration de la communauté élitiste d'Accra ? Ou étais-je à la recherche de la gloire de Dieu ? Je ne tire pas ma gloire des hommes.

### 3.   La gloire des hommes vous pousse à épouser la mauvaise personne.

De manière surprenante, il semble que nous ayons besoin de l'approbation et de l'appui des personnes de notre petit monde, même pour choisir un conjoint. Certaines personnes se marient avec des médecins parce que la communauté admirera ce partenariat. Qu'est-ce que disent les gens et qu'est-ce que Dieu dit ? Ce que les gens disent semble être si fort que cela a pratiquement pris le pas sur les hommes de Dieu. N'oubliez pas ce que Jésus a dit : ce qui est très apprécié aux yeux des hommes est une abomination aux yeux de Dieu.

> **Jésus leur dit : Vous, vous cherchez à paraître justes devant les hommes, mais Dieu connaît vos cœurs ; car ce qui EST ÉLEVÉ parmi les hommes est une ABOMINATION devant Dieu.**
>
> **Luc 16:15**

Malheureusement, la gloire des hommes a une telle influence qu'elle nous amène à choisir des choses qui sont des abominations pour l'Éternel. Serait-ce que vous ignoriez la volonté de Dieu parce que vous n'avez pas l'admiration des hommes ? Peut-être que vous avez épousé une abomination parce que vous avez cherché l'honneur des hommes. Peut-être qu'en cherchant l'admiration des hommes, vous avez délaissé l'option pieuse et choisi la mauvaise personne. Je ne tire pas ma gloire des hommes !

### 4.   La gloire de l'homme vous empêchera de prêcher le bon message.

J'aurais changé le message que je prêchais si je cherchais l'honneur des hommes. Il y a des messages respectables qui font appel à l'intelligence de la classe supérieure et de la communauté aristocratique de ma ville. Je pourrais les impressionner avec un français soutenu et des enseignements séculiers.

Un jour quelqu'un m'a dit que ma prédication était trop simple. Je me suis dit : « Qui était plus simple que le Christ ? Même les petits enfants comprennent ses enseignements. » Il y a des moments où les gens se demandaient même si je parlais correctement l'anglais, parce que je ne parle pas avec une certaine diction polie.

Je veux être comme Paul, qui a dit :

**Pour moi, frères, lorsque je suis allé chez vous, ce n'est pas avec une supériorité de langage ou de sagesse que je suis allé vous annoncer le témoignage de Dieu. Car je n'ai pas eu la pensée de savoir parmi vous autre chose que Jésus Christ, et Jésus Christ crucifié.**

**1 Corinthiens 2:1-2**

**Et maintenant, est-ce la faveur des hommes que je désire, ou celle de Dieu? Est-ce que je cherche à plaire aux hommes ? Si je plaisais encore aux hommes, je ne serais pas serviteur de Christ.**

**Galates 1:10**

Vous remarquerez que plaire aux hommes s'oppose effectivement à notre service de Dieu. Pourquoi Paul dit que, s'il plaisait aux hommes, il ne pourrait pas être alors un serviteur de Dieu ? C'est parce que plaire aux hommes est souvent diamétralement opposé à plaire à Dieu.

Quand j'ai commencé à montrer mes services de miracles à la télévision, certains des membres de mon église m'ont supplié de ne montrer que des services d'enseignement. Ils m'ont dit comment certains professeurs d'université étaient très impressionnés par mes services d'enseignement et ils craignaient que je perde le respect et l'admiration de ces gens nobles.

« Que vont-ils penser de vous quand ils vous voient verser de l'huile sur des centaines de personnes ? Que penseront-ils quand ils voient des gens tomber et crier dans le service de l'église ? » m'ont-ils demandé.

Est-ce que les gens tombaient et criaient quand Jésus les servait ?

**Et l'esprit impur sortit de cet homme, en l'agitant avec violence, et EN POUSSANT UN GRAND CRI.**

**Marc 1:26**

Ai-je envie d'être comme Jésus ou est-ce que je veux être ce que le professeur à l'université veut que je sois ?

Le ministère auprès des malades n'est pas possible si on recherche la gloire des hommes. Éloignez-vous en autant que vous pouvez si vous recherchez le respect et l'admiration de la classe supérieure de la société. Vous voyez, les puissants ont des chirurgiens et des médecins prêts à les soigner dans les hôpitaux européens et américains. Ils ne cherchent pas de solutions dans l'église. Quand les gens se lèvent pour témoigner qu'ils sont guéris de maux de tête et des douleurs dans les genoux, le noble ricane avec dédain.

Une nuit, un médecin me regardait exercer mon ministère aux malades à la télévision. Il m'a envoyé un message par le biais d'un médecin qui était un membre de mon église. Il m'a dit : « Dites à Dag que s'il veut guérir les malades, il devrait venir ici à l'hôpital. Nous avons des sarcomes, des chondroblastomes, des cancers du genou, et de nombreuses autres maladies sauvages dans notre service. Dites-lui que c'est ici où ça se passe. Il devrait venir ici pour effectuer ses miracles ». Ce membre fit d'autres remarques condescendantes sur le ministère.

Ayant travaillé dans ce service auparavant, je sais ce qui s'y passe. Je sais que la guérison spirituelle a l'air ridicule aux yeux des chirurgiens, des médecins, des pédiatres et des obstétriciens. La question est : « Est-ce qu'il m'importe d'avoir l'air fou devant de telles personnes ? Est-ce qu'il m'importe d'être méprisé par mes collègues et par d'autres médecins ? Par qui est-ce que je veux être respecté et admiré ? Par Jésus Christ ou par Professeur Gros Bonnet ? ». Je ne tire pas ma gloire des hommes.

## 5. La gloire de l'homme vous empêche de devenir un ministre à temps plein.

Il serait impossible d'être à temps plein dans le ministère si je voulais le respect et l'admiration des hommes. Mon père m'a dit qu'il ne pouvait pas imaginer son fils manger grâce aux donations faites par les membres de l'église.

Permettez-moi de vous poser une question : « Aux yeux des hommes, qu'est-ce qui est le plus honorable, vivre des quêtes des masses pauvres ou vivre du revenu d'un chirurgien ? Lequel des deux gagnerait le plus d'admiration : le pasteur d'une église dans un bidonville d'Accra ou le gynécologue de Manhattan ? Je veux être comme Jésus et je veux être en mesure de dire : « Je ne tire pas ma gloire des hommes ».

Peut-être, y a-t-il des gens plus doués, avec plus d'ambition que moi. Cependant, beaucoup de ces ambitions n'ont jamais été comblées parce que les hommes recherchaient l'admiration des autres hommes. Je ne tire pas ma gloire des hommes !

**Ils font toutes leurs actions pour être vus des hommes...**
**Matthieu 23:5**

## 6. La gloire de l'homme vous fera acquérir des choses que vous ne devriez pas avoir.

Peut-être craignez-vous le mépris et la désapprobation des hommes. Je vous dis que s'il y a une chose qui nous guide, c'est cette maladie que j'appelle « chercher la gloire des hommes ».

Le choix des voitures que nous conduisons est souvent dicté par la gloire des hommes. Nous devons conduire des voitures de certaines marques. Nous nous sacrifions beaucoup afin d'avoir certains types de voitures pour que les êtres humains nous admirent et nous soutiennent.

Il fut un temps où j'étais affligé par cette maladie. Sans le savoir, je voulais conduire certaines voitures pour que les hommes me respectent. J'ai réalisé que je recherchais l'admiration des hommes. Sans le savoir, je voulais qu'ils admirent ma richesse et mon pouvoir. Comme beaucoup de pasteurs, je pensais inconsciemment que les gens respecteraient mon ministère à cause de ma voiture.

Quand je grandissais dans le Seigneur, je ne voulais pas que les gens me remarquent lorsque je passais à côté d'eux, encore moins qu'ils remarquent la voiture que je conduisais. Je ne tire pas ma gloire des hommes !

## 7.    La gloire de l'homme vous empêche de lever des fonds.

J'ai une fois rencontré des pasteurs et je leur ai parlé de la nécessité de saisir certaines offres spéciales. Je leur ai dit de mettre de côté leur dignité et d'exhorter sérieusement les gens à donner. Je leur ai expliqué, « Si vous ne prenez pas l'offre au sérieux, ça va grandement affecter les plans que nous avons pour le ministère ».

Quelques semaines plus tard, j'ai découvert que certains des pasteurs avaient ignoré mes instructions. Donc je les ai rencontrés à nouveau pour savoir pourquoi ils n'avaient pas pris les offrandes comme je leur avais enseigné. C'est alors que j'ai réalisé que beaucoup de ces pasteurs étaient guidés par la gloire de l'homme.

Même s'ils étaient pasteurs, ils s'inquiétaient de leur réputation dans le ministère. Ils ne voulaient pas que la congrégation pense qu'ils étaient du genre à être dans le ministère pour l'argent. Ils voulaient paraître dignes à chaque instant. Parce que je suis un ministre à temps plein, j'avais déjà perdu cette position de dignité où je pouvais me distancier des problèmes d'argent.

Plusieurs fois, sans le savoir, la gloire de l'homme a été la plus forte influence sur les ministres. Pourquoi ne voudriez-vous pas vous tenir debout sur un coin de rue pour prêcher ? C'est parce que vous pensez que vous êtes un pasteur digne qui se place au-dessus d'un nouveau converti zélé. L'église s'est éloignée de beaucoup de choses pratiques qui donnent des résultats concrets. Nous ne nous soucions pas si la grande commission n'est pas remplie, si nous pouvons maintenir la bonne réputation que nous pensons avoir dans la société.

La plupart des pasteurs semblent rechercher l'approbation et l'amitié des chefs d'État et des représentants du gouvernement. Aujourd'hui, l'amitié des présidents et des politiciens est utilisée comme un titre et un sceau d'approbation. Avez-vous remarqué que Jésus n'a jamais rendu visite à Hérode ou à Ponce Pilate ? Il n'a jamais cherché à être ami avec ces autorités séculières. Nous sommes bien différents aujourd'hui.

Les pasteurs se déplacent d'un pays à l'autre pour rencontrer les présidents l'un après l'autre. Quand nous disons à nos congrégations que nous avons rencontré le Président de Milagabostal city, par exemple, il y a un tonnerre d'applaudissements en signe d'approbation. Cependant, si nous les informons que nous avons gagné 15 convertis dans le village de Potomanto, il règne un silence assourdissant, la congrégation ne semblant pas comprendre ce que cela signifie ! Pendant ce temps, il y a une grande joie dans le ciel pour chaque âme qui est sauvée. Quel verset de la Bible dit : « Il y a une grande joie dans le ciel pour un président qui reçoit une visite ? » Il semble que nous ne recherchions pas les applaudissements du ciel, mais ceux des hommes.

### Ils font toutes leurs actions pour ÊTRE VUS DES HOMMES...

**Matthieu 23:5**

Les grands ministères qui pourraient atteindre les villages et les villes éloignées dans nos nations consacrent rarement du temps, des efforts ou de l'argent à ces lieux.

Un jour, je me suis rendu au nord du Ghana pour évangéliser et implanter une église. Plus tard, j'ai discuté du voyage avec un ami pasteur. Quand j'ai indiqué que j'avais implanté une église en ce lieu, il ricana et dit : « Vous faites bien de planter des églises dans ces endroits. Quant à moi, je ne vais pas à de tels endroits. »

J'ai pensé à son programme. J'ai réalisé que même si son ministère pouvait se permettre d'atteindre les zones reculées, il ne le faisait presque pas. Peut-être que Dieu ne l'avait pas appelé sur ces champs de récolte. Peut-être aussi que Dieu l'avait appelé, mais qu'il avait trouvé plus facile de travailler là où les hommes reconnaîtraient et approuveraient son ministère.

Cher ami, il est plus facile de travailler dans les villes où les hommes peuvent approuver votre ministère. Après tout, personne ne vous voit quand vous êtes dans ce village. N'oubliez pas que l'honneur de Dieu est beaucoup plus important que l'approbation et l'honneur des hommes. Je ne tire pas ma gloire des hommes !

## Chapitre 5

# Ignorer les paroles de Jésus

Cher pasteur, il ne suffit pas de dire que les paroles de Jésus sont supérieures à toutes les paroles humaines. Il ne suffit pas de séparer les paroles de Jésus d'autres écritures à l'encre rouge. Il ne suffit pas d'attribuer l'honneur bien mérité pour ces mots intemporels. Il ne suffit pas de placer les paroles de Jésus dans une classe à part. Il faut lire ces mots et les enseigner sincèrement.

C'est une erreur d'ignorer les paroles de Jésus, comme l'Église est en train de le faire aujourd'hui. Les pasteurs prêchent rarement à partir des Évangiles et donc prêchent rarement le Salut. Les pasteurs font rarement mention de certaines déclarations absolues que Jésus a faites. Jésus a dit : « Je suis le chemin, la vérité et la vie. Nul ne vient au Père que par moi ». Il s'agit d'une affirmation absolue qui ne peut être expliquée. Beaucoup de pasteurs ont leurs raisons pour ne pas prêcher le Salut, le Ciel ou l'Enfer aujourd'hui. Mais Jésus a dit : « Il est préférable de renoncer à votre bras, à votre jambe ou à votre œil que d'aller en Enfer ... ». Que faire de cette déclaration ? Vous pouvez prêcher à partir de ces paroles, ou vous pouvez choisir de les ignorer.

Jésus a dit : « Celui qui vient après moi doit haïr son père, sa mère, sa femme, ses enfants, ses frères et sœurs ». Ce sont des déclarations fantastiques, qui n'ont d'équivalent nulle part ailleurs. Qu'allons-nous en faire ? Beaucoup restent silencieux à propos des paroles de Jésus. Ces déclarations absolues et apparemment extrêmes contiennent le pouvoir qui manque à l'église d'aujourd'hui.

## Les paroles de Jésus ou les paroles des apôtres

Aujourd'hui, l'église est plus centrée sur les lettres de l'apôtre Paul que sur les paroles de Jésus. Mais c'est une erreur, parce que les paroles du Christ sont supérieures à celles de Paul. Rappelez-vous que Paul était un pécheur sauvé par Jésus-Christ.

Jésus-Christ et Paul n'étaient pas frères. Les paroles de Jésus sont supérieures aux paroles de Pierre, Jacques, Jean et Paul.

Paul, Pierre, Jacques et Jean étaient les serviteurs du Christ. Même si les paroles de Jésus sont regroupées avec les enseignements de Paul et d'autres prophètes, elles doivent être séparées, car ce sont réellement les paroles de Dieu. Ce que Jésus a dit doit être pris plus au sérieux que ce que Paul ou Pierre ont dit.

Rappelez-vous que Paul n'est pas le deuxième fils de Dieu. Paul était un serviteur de Jésus-Christ. L'Eternel a utilisé les écrits de Paul pour bénir l'église, mais ceux-ci ne peuvent pas remplacer les paroles du Fils de Dieu lui-même. Tout ce que Paul, Pierre ou Jacques ont enseigné doit être compris dans ce contexte. C'étaient des apôtres bâtissant sur les fondations creusées par Jésus-Christ. Le fait même que le Seigneur permette que d'autres apôtres écrivent ne doit pas nous piéger. Nous devons recevoir les écrits des autres apôtres, mais nous devons faire la différence.

Le Christ présente le plus grand exemple de travail d'équipe et de fertilité. Il n'a empêché à personne d'exercer un ministère. Il les a encouragés, et cela ne l'a pas dérangé si des fidèles ont été grandement bénis par ces apôtres. Toutefois, il nous revient de ne pas nous laisser tromper, mais de reconnaître les paroles de Jésus comme étant l'expression ultime et finale de la vérité. Les paroles de Jésus doivent guider les pas de tous les pasteurs. Nous devons évaluer nos ministères à l'aune des paroles de Jésus.

La valeur unique de la parole de Jésus doit être reconnue. Nous devons donner aux paroles de Jésus la distinction et l'autorité qu'elles méritent. Comme quelqu'un l'a dit, Jésus est le meilleur professeur de Sa propre religion.

Vous remarquerez plusieurs catégories différentes des paroles du Christ.

*Les conversations du Christ* avec Ses disciples.

*Les brèves commandes miraculeuses du Christ*, qui ont conduit à la guérison de nombreux corps malades, laissent le lecteur dans un état d'admiration éblouie du Seigneur.

*Les phrases brèves* du Sermon sur la montagne, qui restent dans notre mémoire.

*Les paraboles classiques* de Jésus, qui semblent ne jamais perdre le pouvoir d'enseigner quelque chose de nouveau.

*Les discours d'adieu* de Jésus, rapportés dans l'Évangile selon Jean.

*Les histoires d'itinérance* de Jésus sont inoubliables et incomparables.

*Les prophéties de Jésus,* qui se réalisent devant nos yeux.

## Personne n'a jamais parlé comme Jésus-Christ

**... Jamais homme n'a parlé comme cet homme.**

**Jean 7:46**

**... Quelle est cette parole ?**

**Luc 4:36**

Les paroles de Jésus sont les paroles du Fils de Dieu. Aucun autre homme n'a parlé comme Il l'a fait. Ses paroles ont survécu à toutes les autres paroles prononcées par quelqu'un d'autre.

Même si Jésus n'était âgé que de trente ans quand Il a commencé à parler, il est évident que Ses paroles ne sont pas les paroles d'un jeune fanatique qui essaye d'impressionner les gens. C'étaient les paroles les plus profondes qu'on n'ait jamais entendues.

Au fil des siècles, les hommes de différents horizons ont parlé de l'unicité des paroles de Jésus.

## Les mots sont importants

**Je vous le dis : au jour du jugement, les hommes rendront compte de toute parole vaine qu'ils auront proférée.**

**Matthieu 12:36**

Jésus concevait la valeur des mots, en général, d'un point de vue inhabituellement élevé. Jésus a enseigné que les mots seraient utilisés comme base pour le jugement. Il n'y a rien qui apparaît plus trivial à l'homme ordinaire qu'un mot. Non, dit Jésus, cela ne s'arrête pas là, et cela ne s'arrête jamais. Les mots ne sont pas négligeables. Quand ils sont créés, ils deviennent des objets vivants qui voyagent à travers le temps et l'espace, en faisant le bien et le mal, et nous devrons nous y confronter à nouveau à la fin des temps.

L'influence de nos paroles sur notre destin sera extraordinaire. « ... Car par tes paroles tu seras justifié, et par tes paroles tu seras condamné » (Matthieu 12:37). Jésus a enseigné que les mots reflètent la personnalité unique d'un individu.

Si le prêcheur est bon, alors ses paroles sont bonnes, mais si le prêcheur est mauvais, elles sont inévitablement mauvaises. Un homme ne peut pas modifier le caractère de ses paroles, à moins qu'il ne modifie d'abord sa propre nature. Car c'est de l'abondance du cœur que la bouche parle. Telle était l'idée que le Christ avait des mots, et tels étaient Ses propres paroles. Elles émanaient de Son propre cœur.

**Races de vipères, comment pourriez-vous dire de bonnes choses, méchants comme vous l'êtes ? Car c'est de l'abondance du cœur que la bouche parle.**

**Matthieu 12:34**

# Cinq raisons pour lesquelles Jésus nous enjoint de prendre au sérieux *Ses paroles*

1.  **Jésus a dit que la destinée éternelle de Ses auditeurs dépendra de l'attitude qu'ils adoptent vis à vis de Ses paroles.**

    **... La parole que j'ai annoncée, c'est elle qui le jugera au dernier jour.**

    **Jean 12:48**

C'est pourquoi, quiconque entend ces paroles que je dis et les met en pratique, sera semblable à un homme prudent qui a bâti sa maison sur le roc. La pluie est tombée, les torrents sont venus, les vents ont soufflé et se sont jetés contre cette maison: elle n'est point tombée, parce qu'elle était fondée sur le roc.

Mais quiconque entend ces paroles que je dis, et ne les met pas en pratique, sera semblable à un homme insensé qui a bâti sa maison sur le sable.

**La pluie est tombée, les torrents sont venus, les vents ont soufflé et ont battu cette maison: elle est tombée, et sa ruine a été grande.**

**Matthieu 7:24-27**

Les paroles de Jésus contiennent le signe de notre jugement final. Sur quoi serons-nous jugés ? Quelles questions nous seront posées le Jour du Jugement ? Jésus a clairement défini la base de chacun de nos jugements. Je ne connais personne qui a parlé avec une telle clarté de la vie après la mort.

J'ai étudié l'anatomie, la physiologie, la biochimie, la pharmacologie, la pathologie chimique etc. Aucun des livres n'abordait le sujet de ce qui se passera après la mort. Aucun des livres ne traitait de cette question terrifiante. La recherche de tous les scientifiques se termine au seuil de la tombe.

Les médecins atteignent une frontière qu'ils ne peuvent pas franchir. Les philosophes atteignent les limites de leurs connaissances. Le pathologiste dissèque les restes des morts, mais ne peut pas savoir où l'âme est allée. Les professeurs se heurtent à la question cruciale de la vie après la mort. Mais ce n'est pas Jésus ! Lui, Il décrit avec confiance la vie après la mort avec une autorité inédite.

2.  **Jésus a déclaré que Ses paroles survivraient aux cieux et à la terre.**

**Le ciel et la terre passeront, mais mes paroles ne passeront point.**

**Luc 21:33**

Les poètes et les penseurs ont parfois affirmé que leurs paroles pourraient survivre aux œuvres les plus permanentes de l'homme, telles que les pyramides et les monuments. Mais Jésus a déclaré que Ses paroles survivraient aux œuvres les plus stables de Dieu.

## 3. Jésus a dit que l'attachement à Ses paroles était un signe d'attachement à Lui-même.

Jésus considérait la dévotion à Ses paroles comme l'épreuve du disciple. Si vous demeurez dans ma parole, alors vous êtes mes disciples. Vous connaîtrez la vérité et la vérité vous rendra libres.

**Et il dit aux Juifs qui avaient cru en lui : Si vous demeurez dans ma parole, vous êtes vraiment mes disciples**

**Jean 8:31**

Jésus lui répondit : Si quelqu'un m'aime, il gardera ma parole, et mon Père l'aimera ; nous viendrons à lui, et nous ferons notre demeure chez lui.

**Celui qui ne m'aime pas ne garde point mes paroles. Et la parole que vous entendez n'est pas de moi, mais du Père qui m'a envoyé.**

**Jean 14:23-24**

## 4. Quand Marie était assise à Ses pieds en écoutant Ses paroles, Il a déclaré qu'elle faisait la seule chose qui était nécessaire.

**Une seule chose est nécessaire. Marie a choisi la bonne part, qui ne lui sera point ôtée.**

**Luc 10:42**

## 5. Jésus a dit que Ses mots avaient le pouvoir de purifier le cœur.

Déjà vous êtes purs, à cause de la parole que je vous ai annoncée (Jean 15: 3). En vérité, en vérité, je vous le dis, si quelqu'un garde ma parole, il ne verra jamais la mort (Jean 8:51).

C'est l'esprit qui vivifie; la chair ne sert de rien. Les paroles que je vous ai dites sont esprit et vie (Jean 6:63). Simon Pierre lui répondit : Seigneur, à qui irions-nous ? Tu as les paroles de la vie éternelle (Jean 6:68).

## Les caractéristiques des paroles de Jésus

### 1. Les paroles de Jésus sont absolues.

Les paroles de Jésus sont souvent absolues et beaucoup les ont trouvées difficiles à croire. Jésus a dit : « Je suis le chemin, la vérité et la vie ». Il a également dit : « Je suis la porte. Je suis le bon berger. Je suis la lumière du monde. Nul ne vient au Père que par moi ».

Beaucoup de paroles de Jésus semblent être extrêmes et sont donc ignorées par un grand nombre de croyants. Il est temps de croire à ce que dit Jésus.

**Mais moi, je vous dis que quiconque se met en colère contre son frère mérite d'être puni par les juges ; que celui qui dira à son frère : Raca ! Mérite d'être puni par le sanhédrin ; et que celui qui lui dira : INSENSÉ ! MÉRITE D'ÊTRE PUNI PAR LE FEU DE LA GÉHENNE.**

**Matthieu 5:22**

### 2. Les paroles de Jésus sont simples.

Les paroles de Jésus sont si simples qu'elles sont rarement oubliées. Les paroles de Jésus on été facilement comprises par des gens ordinaires.

Une fois que vous entendez soit les paroles ou les paraboles de Jésus, vous les oubliez rarement. Il y a eu beaucoup de gens perdus qui revenaient à Dieu parce qu'ils se souvenaient des histoires de la Bible qu'ils écoutaient du dimanche.

**... et une grande foule l'écoutait avec plaisir.**

**Marc 12:37**

### 3.  Les paroles de Jésus proviennent de Dieu.

**Je ne tire pas ma gloire des hommes.**

**Jean 5:41**

Les paroles de Jésus proviennent de Dieu et parlent de Dieu. Les paroles de Jésus ne sont pas influencées par les hommes. Il semblait qu'Il n'avait pas envie de l'approbation des hommes et qu'Il n'avait pas envie d'avoir un grand nombre de disciples. Ce qu'Il semblait désirer, c'était de plaire à Son Père. La plupart des prêcheurs sont influencés par leur public. Les ex-présidents prononcent des discours et sont payés plus d'une centaine de milliers de dollars par session. Évidemment, ils sont incités à dire des choses qui impressionnent et qui plaisent à leur public. Rien de tel avec Jésus. Il n'avait personne à qui Il voulait plaire, sauf à Son Père. Jésus n'a même pas tenté d'obtenir le respect des hommes.

### 4.  Les paroles de Jésus parlent du Ciel et de l'Enfer.

**Non, je vous le dis. Mais si vous ne vous repentez, vous périrez tous également**

**Luc 13:3**

À quoi ressemble le Paradis ? Y a t-il un Enfer ? Qui va aller à l'Enfer ? Que va-t-il nous arriver après la mort ? Notre monde dépravé et corrompu a ses propres réponses à ces questions. Notre conception de l'Éternité, du Paradis, de l'Enfer et du Jugement Final est très imparfaite jusqu'à ce que nous lisions les paroles de Jésus-Christ. Jésus-Christ est Celui qui répond aux questions sur le Paradis et l'Enfer.

### 5.  Les paroles de Jésus sont ointes.

Les paroles de Jésus étaient tellement ointes qu'elles ont changé la vie de ceux qui les ont entendues.

**... LES PAROLES QUE JE VOUS AI DITES SONT ESPRIT ET VIE.**

**Jean 6:63**

## 6.  Les paroles de Jésus sont pleines d'amour.

Les paroles de Jésus contiennent beaucoup d'amour et de bonté. Les paroles de Jésus n'enseignent pas à tuer, violer ou assassiner.

Alors Pierre s'approcha de lui, et dit : Seigneur, combien de fois pardonnerai-je à mon frère, lorsqu'il péchera contre moi ? Sera-ce jusqu'à sept fois ?

**Jésus lui dit : Je ne te dis pas jusqu'à sept fois, mais jusqu'à septante fois sept fois.**

**Matthieu 18:21-22**

# Ce que d'autres ont dit à propos des paroles de Jésus

Car, lorsque nous considérons le grand nombre de Ses paroles qui ont été enregistrées — ou qui, du moins, Lui ont été attribuées —, il devient absolument évident que dans la vérité littérale il n'y a pas de raison pour qu'un seul de Ses mots doive jamais mourir et devenir obsolète ... comparez Jésus-Christ avec d'autres penseurs de l'antiquité. Même Platon, qui, bien que datant de quelque quatre cents ans avant le Christ, était très en avance sur lui à l'égard de la pensée philosophique, ne peut être comparé au Christ. Lisez *les Dialogues* et voyez l'énorme contraste avec les Évangiles, considérant les erreurs de toutes sortes, atteignant même les limites de l'absurde pour ce qui est de la raison et des proverbes, choquant le sens moral. Et pourtant, c'est sans doute le plus haut niveau de raisonnement humain concernant les lignes de la spiritualité sans l'aide d'une révélation présumée.

**G.J. Romanes**

Après avoir lu les doctrines de Platon, Socrate ou Aristote, nous sentons que la différence spécifique entre leurs paroles et celles du Christ est la différence entre une enquête et une révélation.

**Joseph Parker**

Depuis deux mille ans, Il [Jésus] *est* la lumière du monde et Ses paroles *n'ont pas* disparu.

**Morris**

Ses [Jésus] paroles étaient tellement des parties et des expressions de lui-même, qu'elles n'avaient pas de sens comme déclarations abstraites de la vérité qu'Il prononçait comme l'oracle divin d'un prophète. Faites abstraction de Lui comme étant le principal (mais pas l'ultime) sujet de chaque déclaration et elles se réduisent à néant.

**F.J.A. Hort**

Mais les paroles et les actes de Jésus sont remarquablement intégraux et nous croyons que ces paroles sont authentiquement les siennes comme révélatrices de sa personne. Quand Jésus utilise le pronom personnel « Je » (« mais Je vous le dis en vérité, Je vous le dis »), il énonce et appuie chaque mot avec une fidélité personnelle et une intentionnalité personnelle. Si ses paroles et ses actes sont messianiques dans leur caractère, c'est parce qu'il veut qu'ils le soient, et s'il veut qu'ils le soient, alors il pense à lui-même en termes messianiques.

**Gruenler**

Les paroles du Christ ont une valeur permanente du fait de sa personne. Elles restent parce qu'Il reste.

**Thomas**

Statistiquement parlant, les Évangiles sont la plus grande littérature jamais écrite. Ils sont lus par plus de personnes, cités par plus d'auteurs, traduits en plus de langues, représentés dans plus d'œuvres d'art, plus mis en musique que tout autre livre écrit par n'importe quel homme dans tous les siècles, dans tous les pays. Ils sont plus lus, plus cités, plus crus, plus traduits, car ce sont les plus grandes paroles jamais prononcées. Et où réside leur grandeur ? Leur grandeur réside dans leur spiritualité pure et lucide, traitant clairement, définitivement et avec autorité des grands problèmes qui agitent l'âme humaine : à savoir qui est Dieu ? Dieu m'aime-t-il ? Que dois-je faire pour lui plaire ? Comment considère-t-il mon péché ? Comment puis-je être pardonné ? Où vais-je aller quand je mourrai ? Comment dois-je traiter les autres ? Les paroles d'aucun autre homme n'ont l'attrait de la parole de Jésus, car aucun autre homme ne peut répondre à ces questions fondamentales, auxquelles Jésus répondit. C'est le genre de paroles et de réponses que nous pourrions nous attendre que Dieu donne et nous qui croyons en la divinité de Jésus savons pourquoi ces mots sont sortis de sa bouche.

**Bernard Ramm**

Jamais l'orateur n'a cherché à être tout à fait seul que quand Il a prononcé Ses paroles majestueuses. Jamais il n'a semblé plus improbable qu'elles devaient être exhaussées. Mais comme nous regardons à travers l'histoire, nous voyons comment elles se sont accomplies. Ses paroles ont force de loi, elles sont devenues des doctrines, elles sont devenues des proverbes, elles sont devenues des consolations, mais elles n'ont jamais disparu. Quel enseignant humain n'a jamais osé réclamer l'éternité de ses paroles ?

**Maclean**

Aucune révolution qui ait jamais eu lieu dans la société ne peut être comparée à celle qui a été produite par les paroles de Jésus.

**Mark Hopkins**

Le message du Christ est inépuisable. Chaque génération le trouve nouveau et passionnant.

**Thomas**

Comment se fait-il qu'un charpentier, sans aucune formation spéciale, ignorant de la culture et de l'apprentissage des Grecs, né d'un peuple dont les grands enseignants étaient étroits d'esprit, des légalistes amers, pédants et intolérants, a été le plus grand professeur de religion que le monde ait connu, dont la suprématie fait de lui le personnage le plus important de l'histoire du monde ?

**W.S. Peake**

Bien que sans formation rabbinique officielle, il n'a témoigné d'aucune timidité pour affirmer la conscience de soi, d'aucune hésitation quant à ce qu'il estimait être la vérité.

Sans aucune pensée de lui-même ou de son auditoire, il a parlé sans crainte, en toute occasion, absolument sans se soucier des conséquences pour lui-même, et ne se souciant que de la vérité et de la transmission du message de son père. La puissance de son enseignement a également été profondément ressentie. « Sa parole était avec puissance » (Luc 4:32). La force spirituelle de sa personnalité s'exprimait dans ses déclarations et captivait l'attention de ses auditeurs par sa passion. Et nous ne sommes donc pas surpris de découvrir l'impression d'unicité qui se dégageait de lui. « Jamais un homme n'a parlé comme lui » (Jean 7:46). La simplicité et le charme et pourtant la profondeur, la franchise, l'universalité, et la vérité de ses enseignements ont fait une marque profonde sur ses auditeurs et suscité la conviction qu'ils étaient en présence d'un enseignant tel que l'homme n'en avait jamais vu auparavant.

**Griffith Thomas**

# Chapitre 6

# Se déconnecter de Dieu

**Je suis le cep, vous êtes les sarments. Celui QUI DEMEURE EN MOI et EN QUI JE DEMEURE porte beaucoup de fruit, car sans moi vous ne pouvez rien faire.**

**Jean 15: 5**

Tout fruit que vous allez produire résultera d'une proche relation avec Dieu. Rester connecté à Jésus est la clé principale pour produire beaucoup de fruits. L'effort humain ne peut jamais remplacer le pouvoir d'être profondément relié à Jésus. Le fruit que vous produisez est le résultat de votre connexion à Dieu. Si vous ne suivez pas les voies et les paroles de Jésus, vous ne pouvez pas produire de fruits. Sans la connexion à Jésus et au Père, il y aura peu de fruits. Le fruit qu'un pasteur produit est donc *un signe de son lien avec la vigne.*

Une étude des vignobles de la Palestine montre que certaines vignes ne produisaient pas beaucoup de fruits. C'était de bonnes vignes, mais le lien avec les racines n'était pas profond et donc elles ne produisaient pas de fruits. Le fruit que vous produisez est le reflet de la connexion entre vous, le Père et Jésus.

En conséquence, nous pourrions dire que les gens qui n'ont pas de fruits ne sont pas connectés à Lui. Sans Lui, vous ne pouvez rien faire. Tout le monde le sait ! Cela signifie que les gens qui ne font rien sont probablement sans Lui.

Une des choses importantes qu'un pasteur doit faire est de développer l'art de rester proche de Dieu.

**... Car sans moi vous ne pouvez rien faire.**

**Jean 15:5b**

Quand Jésus a dit « sans moi vous ne pouvez rien faire » , Il a dit que sans être spirituel, vous ne pouvez pas réussir dans cette vie et vous ne pouvez rien faire. Il peut sembler que des gens réussissent beaucoup sans Lui, mais il n'en est rien. « Si l'Éternel ne bâtit la maison, Ceux qui la bâtissent travaillent en vain » (Psaume 127:1).

## Comparer les hommes de Babel avec Abraham

Comparer les hommes de Babel donne un remarquable aperçu de la notion de réussite. Les hommes de Babel désiraient un grand nom mais c'est Abraham qui a obtenu le grand nom. Les hommes de Babel voulaient aller au paradis mais c'est Abraham qui a obtenu au ciel. Il semble qu'une partie du ciel est même nommée d'après lui : le sein d'Abraham.

L'histoire de la tour de Babel est un bon exemple d'hommes qui se réunissent pour réaliser quelque chose pour eux-mêmes. Ils dirent : construisons quelque chose pour nous-mêmes. Faisons-nous un nom. Évitons d'être dispersés. Dieu n'était pas dans leurs pensées. Ils dépendaient de la puissance de l'unité plutôt que de la puissance de Dieu.

**Ils dirent encore : Allons ! Bâtissons-nous une ville et une tour dont le sommet touche au ciel, et faisons-nous un nom, afin que nous ne soyons pas dispersés sur la face de toute la terre.**

**Genèse 11: 4**

Mais sans Dieu, tous leurs efforts humains ont fini dans la confusion et la fragmentation. De même, tous les efforts que nous faisons sans Dieu finiront dans la confusion et la dispersion.

De nombreuses tentatives de mariage heureux ont terminé dans la confusion et la dispersion. Le divorce est la séparation des familles. De nombreuses tentatives pour être riches ont terminé dans la confusion. Plusieurs tentatives dans l'enseignement supérieur et pour une réussite plus élevée n'ont pas apporté le bonheur que les hommes attendaient. Le résultat a souvent été la confusion et le désespoir.

Qui peut faire cela pour nous ? Seul le peut le Seigneur. Jésus a dit que nous ne pouvions rien faire sans lui.

Quelques versets à peine après la malheureuse histoire des hommes de Babel, on trouve l'histoire d'Abraham. Abraham a vécu une vie d'obéissance à Dieu. Il n'a pas essayé de réaliser quelque chose pour lui-même. Dieu lui dit : « Je te ferai devenir une grande nation et je te bénirai et rendrai ton nom grand ».

**Je ferai de toi une grande nation, et je te bénirai ; je rendrai ton nom grand, et tu seras une source de bénédiction.**

**Genèse 12: 2**

N'est-il pas étonnant que tous les objectifs des hommes de Babel aient été donnés librement à Abraham ? Abraham a accompli tous les objectifs des hommes de Babel. Ses réalisations n'ont été possibles que parce qu'il a fait confiance à Dieu. Aujourd'hui, le nom d'Abraham est grand. Partout dans le monde on a entendu parler d'Abraham, y compris dans les coins les plus reculés du Ghana.

Six mille ans plus tard, Abraham a une grande nation en Israël et les hommes de Babel n'ont rien ! Nous savons tous qu'Abraham est aux cieux à cause de l'histoire de Lazare et de l'homme riche. Quel Dieu puissant servons-nous ! Il est capable d'accomplir plus que ce que nous pouvons penser ou imaginer. Une vie vécue dans l'obéissance et dans la foi envers Dieu ne peut être comparée à une vie d'efforts humains acharnés pour un accomplissement personnel.

C'est pourquoi je suis dans le ministère, je sers le Seigneur, je Lui obéis et je vis pour Lui. Tout ce que j'ai est ce qu'Il me donne. Tout ce que je fais, c'est ce que je fais avec Lui. Sans Lui, je ne veux même pas vivre.

**Si quelqu'un ne demeure pas en moi, il est jeté dehors, comme le sarment, ET IL SÈCHE ; puis on ramasse les sarments, on les jette au feu, et ils brûlent.**

**Jean 15: 6**

Jésus nous a dit que si nous ne le respectons pas, Il nous abattra et nous fera flétrir.

« Flétrir » signifie « décliner, rétrécir » et « baisser en grade ». Attention à ne pas rétrécir, décliner et flétrir dans votre ministère. « Flétrir » signifie aussi « diminuer, baisser en grade » et « être déclassé ».

Parfois, un ministère qui faiblit et décline est le résultat de la déconnexion d'avec Jésus. Une fois que le sarment est déconnecté de la vigne, la flétrissure commence. Il est de votre devoir de rester près de la vigne.

Restez connecté à Dieu ! Faites de votre mieux pour rester proche et être intime de Dieu. Dieu fait toujours quelque chose de nouveau. Peut-être que le Seigneur est passé à autre chose il y a longtemps et vous avez du retard. C'est peut-être l'explication du déclin et du déclassement de votre ministère.

J'ai vu une fois une image étonnante. C'était la photo d'un pont sur un sol sec. Croyez-le ou non, la rivière s'était éloignée du pont. Cette rivière s'était déplacée sur un côté du pont. Pour cette raison, le pont ne passait plus sur l'eau, mais sur la terre sèche. Ceci était arrivé à cause d'une grave inondation. Après le recul des eaux de l'inondation, la rivière avait changé d'une façon étonnante ! « Qu'allaient-ils faire maintenant que la rivière avait changé de direction ? » Allaient-ils toujours utiliser le vieux pont ? J'ai indiqué ci-dessous quelques-unes des possibilités.

1. Vous pourriez dire que nous avons investi beaucoup d'argent dans ce pont et que donc nous n'allons pas l'abandonner maintenant.

2. Vous pourriez dire : « Ce pont nous a convenu depuis le début et nous ne voyons pas pourquoi il ne conviendrait plus maintenant ».

3. « Nous avons des sentiments et des émotions attachés à ce pont et ne pouvons pas nous résoudre à l'abandonner »

4. On pourrait aussi dire : « C'est comme ça que nous avons fait pendant toutes ces années et nous allons être fidèles à notre pont d'origine ».

5. « Nous n'avons pas assez d'argent pour en construire un nouveau ».

6. Je suis sûr que certains diront : « Cela demande trop d'efforts de commencer quelque chose de nouveau ».

Chers pasteurs, prenez conscience de la réalité. Les choses ont changé ! Si vous n'acceptez pas le fait que la rivière s'est déplacée et si vous décidez de construire un nouveau pont, l'utilité de votre pont va diminuer. Personne ne marchera plus sur votre pont.

Votre ministère est comme ce pont. Beaucoup d'âmes l'ont utilisé pour gagner le Salut, car alors, il était pertinent. Votre pont était relié au sol aux bons endroits. Mais quand votre pont ne sera plus placé aux bons endroits, les gens n'en auront plus besoin. Le nombre de personnes qui traversent le pont va diminuer.

Oh, combien de ministères et d'hommes de Dieu flétrissent à cause de cela ? Souvent, ce n'est pas la présence du péché dans leur vie. Souvent, les pasteurs ne sont tout simplement pas connectés à Dieu et ne demeurent pas en Christ. Ils n'apprennent pas les nouvelles choses que Dieu fait. Ils sont déconnectés de l'évolution actuelle de Dieu.

## Chapitre 7

# Choisir de porter peu de fruits

**SI VOUS PORTEZ BEAUCOUP DE FRUIT, c'est ainsi que mon Père sera glorifié, et que vous serez mes disciples.**

**Jean 15: 8**

Porter des fruits est l'une des choses les plus importantes que vous et moi devons faire. Tout au long de la Bible, les serviteurs de Dieu sont encouragés à porter des fruits dignes de l'investissement que Dieu a fait en eux. Même les Chrétiens ordinaires sont invités à porter des fruits. Dieu est glorifié par les fruits que nous portons. Plus nous portons de fruits, plus nous apportons de gloire au père.

Parfois, on se demande ce que les pasteurs recherchent dans le ministère. Il y a des pasteurs qui quittent leur lieu de fécondité et voyagent dans des pays où il n'y a personne à qui prêcher. Il y a beaucoup de pasteurs qui ont seulement une quarantaine de membres dans leurs églises européennes, mais qui auraient eu un millier de membres en Afrique. Mais ils ont choisi de vivre en Europe et de porter seulement quarante fruits.

Parfois, le désir des pasteurs n'est pas un désir de porter des fruits, mais le désir de vivre en Europe ou en Amérique. Que voulons-nous ? Porter des fruits et glorifier Dieu ou vivre en Occident ? Puisque des ministres des Évangiles ont fait la terrible erreur de choisir de vivre à certains endroits plutôt que de porter plus de fruits, les régions pauvres du monde ont été vendues à d'autres religions. C'est pourquoi le choix d'avoir peu de fruits est l'une des dix principales erreurs des ministres aujourd'hui. Vous cherchez à avoir une adresse en Europe ou vous cherchez à porter des fruits ? Vous cherchez à obtenir une Green Card américaine ou vous cherchez à porter des fruits ?

Certains pasteurs ne sont pas heureux de porter beaucoup de fruits s'ils le font sous la bannière du ministère de quelqu'un d'autre. J'ai pu constater que des ministres ont quitté le lieu de la fécondité et sont allés dans les déserts de leur ministère. Souvent, il est plus important pour eux d'être indépendants que d'être fructueux. Mais ce devrait être le désir de chaque ministre de porter beaucoup de fruits. Malheureusement, le désir d'argent, de position sociale et de célébrité n'est pas compatible avec le désir de fécondité. Recherchez-vous l'indépendance ou cherchez-vous des fruits ?

Il y a des moments où les ministres de l'Évangile ont à choisir entre la prédication à de riches congrégations ou à des congrégations pauvres. Souvent, il y a beaucoup plus de gens à évangéliser dans les régions pauvres dans le monde. Dans ces régions pauvres, il y a peu d'argent à gagner pour un prédicateur. Recherchez-vous de l'argent ou cherchez-vous des fruits ?

La fécondité doit être la priorité de chaque vrai homme de Dieu. Demandez-vous toujours : que puis-je faire pour porter plus de fruits que ceux que je porte déjà. C'est la raison pour laquelle je veux avoir plus d'églises. C'est la raison pour laquelle j'encourage constamment la croissance de l'église. C'est pourquoi j'écris plus de livres et je prêche autant que je le fais. Je m'efforce d'obtenir la fécondité. Je sais que « c'est ainsi que mon Père sera glorifié... ».

Dieu a placé le désir de la fécondité dans mon cœur. J'ai prié pendant des années pour être fructueux.

Pendant une brève période, j'ai vécu en Angleterre. Souvent, j'étais seul à la maison et j'avais beaucoup de temps pour prier. Je me souviendrai toujours d'une nuit pluvieuse, alors que je marchais de long en large dans la rue, priant pour la fécondité. Il y a des moments en particuliers dont on se souvient de nos prières, car à ce moment, on est connecté au Ciel d'une manière spéciale.

Cette nuit-là, je crois que je m'étais connecté au Ciel d'une manière spéciale. J'ai eu un cri de mon cœur, « Seigneur, rends-moi fructueux ». Je n'avais alors que vingt ans, mais Dieu a entendu ma prière et de nombreuses années plus tard, je vois beaucoup de fruits autour de moi. Mais ce n'est pas encore assez, je tiens à apporter plus de gloire au Père en portant encore plus de fruits.

Malheureusement, nous avons remplacé l'explication que Dieu donne de ce qui Le glorifie par notre propre définition de ce qui Le glorifie. Un jour, un frère est venu du campus de l'université avec de « bonnes nouvelles ». Il a dit : « Dieu est glorifié sur le campus, l'Esprit est à l'œuvre ».

J'ai été très intéressé de savoir ce qui se passait et j'ai donc demandé : « Vraiment, que se passe-t-il ? »

Avec un large sourire, il répondit : « Beaucoup d'étudiants ont réussi leurs examens ! »

Ce frère avait estimé que la réussite aux examens était égale au mouvement de l'Esprit de Dieu. Je lui ai expliqué que la réussite aux examens était une bonne chose, mais l'indicateur du mouvement de Dieu, c'est quand les gens sont sauvés et que les dons de l'Esprit se sont manifestés.

Lorsque nos désirs sont satisfaits, nous pensons que Dieu est glorifié. L'hymne est chanté « À Dieu soit la gloire des grandes choses qu'il a faites ». Aujourd'hui, une nouvelle voiture ou une nouvelle maison signifie que Dieu est glorifié.

Lorsque les mariages ont lieu, nous aimons chanter à la gloire de Dieu. Les parents de la mariée et du marié disent : « Dieu S'est glorifié aujourd'hui ». La mariée dira : « Dieu a apporté la gloire à Son nom ».

Chère sœur, je suis sûr qu'il y avait de la gloire à ton mariage. Mais Jésus a dit qu'Il sera glorifié lorsque vous porterez beaucoup de fruits.

**SI VOUS PORTEZ BEAUCOUP DE FRUIT, c'est ainsi que mon Père sera glorifié, et que vous serez mes disciples.**

**Jean 15: 8**

## *Chapitre 8*

# Avoir les mauvaises priorités

Les priorités de Jésus sont révélées dans les Évangiles. Chaque fois que Jésus a utilisé le mot « PREMIER » , Il nous enseignait qu'il y avait des choses qui avaient priorité sur les autres. Vous remarquerez dans les Écritures ci-dessous comment Jésus nous a ordonné de faire certaines choses avant les autres.

**Si donc tu présentes ton offrande à l'autel, et que là tu te souviennes que ton frère a quelque chose contre toi, laisse là ton offrande devant l'autel, et va d'abord te réconcilier avec ton frère ; puis, viens présenter ton offrande.**

**Matthieu 5:23-24**

**Cherchez premièrement le royaume et la justice de Dieu ; et toutes ces choses vous seront données par-dessus.**

**Matthieu 6:33**

**Pourquoi vois-tu la paille qui est dans l'œil de ton frère, et n'aperçois-tu pas la poutre qui est dans ton œil ? Ou comment peux-tu dire à ton frère : Laisse-moi ôter une paille de ton œil, toi qui as une poutre dans le tien ?**

**Hypocrite, ÔTE PREMIÈREMENT LA POUTRE DE TON ŒIL, et alors tu verras comment ôter la paille de l'œil de ton frère.**

**Matthieu 7:3-5**

**Ou, comment quelqu'un peut-il entrer dans la maison d'un homme fort et piller ses biens, SANS AVOIR AUPARAVANT LIÉ CET HOMME FORT ? Alors seulement il pillera sa maison.**

**Matthieu 12:29**

**Jésus lui répondit : Tu aimeras le Seigneur, ton Dieu, de tout ton cœur, de toute ton âme, et de toute ta pensée. C'est le premier et le plus grand commandement.**

**Matthieu 22: 37-38**

**Pharisien aveugle ! NETTOIE PREMIÈREMENT L'INTÉRIEUR de la coupe et du plat, afin que l'extérieur aussi devienne net.**

**Matthieu 23:26**

Les priorités de Jésus sont établies dans les Évangiles. Lorsque vous êtes un pécheur, vous choisissez simplement entre le bien et le mal. Mais quand vous progressez dans la voie du Seigneur, vous commencez à avoir plus d'options. Vos choix ne sont plus seulement entre le bien et le mal, mais entre le bien et le bien.

Concernant ce qu'il faut faire, vous aurez le choix entre plusieurs bonnes choses. Lorsque vous arrivez à ce point, il est important que vous compreniez le concept de priorité. Que dois-je faire en premier ?

Il est intéressant de connaître le nombre de choses que Jésus a dit devoir être faites en premier. Les passages ci-dessus donnent des exemples de choses que Jésus a dit devoir être faites en premier. Quand une chose qui est censée être faite en second est faite en premier, beaucoup de choses vont mal.

## Les mauvaises priorités mènent à la mort

J'étais récemment dans un pays africain où mon hôte m'a emmené dans un cimetière. J'ai été surpris par le nombre de nouvelles tombes qui remplissaient progressivement tout l'espace. Lors d'un dîner avec un autre pasteur de mes amis, il m'a parlé du nombre incroyable d'enterrements qu'il faisait dans sa ville. Il nous a dit qu'ils avaient eu tant d'enterrements que les pasteurs ne mènent plus les services funéraires. Les chefs de cellules s'acquittent de cette tâche.

J'écoutais avec étonnement. Il a continué et m'a décrit comment ils n'enterraient plus les gens horizontalement, parce qu'il n'y avait plus de place dans le cimetière. Il m'a décrit comment ils les enterraient verticalement, debout ! Je me suis dit : « Dans ce cas, faut-il dire « Repose en paix » ou « Tiens-toi debout en paix ? »

Quelle était la cause de cette vague sans précédent de décès ? Pourquoi tant de gens mouraient ? La réponse était simple : la chose secondaire était venue avant la première. Le sexe était venu avant le mariage. Quand le mariage survient avant les rapports sexuels, ces choses, idéalement, ne se produisent pas. Le sexe ne doit être connu qu'après le mariage. Dans ce pays, le sexe est une expérience survenant largement en dehors du cadre du mariage. Ce n'est là qu'un exemple de la façon dont de nombreux problèmes complexes se posent parce que les priorités sont interverties.

## Les mauvaises priorités tueront votre ministère

Il y a beaucoup de ministères qui ont les mauvaises priorités. Par exemple, il est plus important pour votre église d'acquérir son propre bâtiment que pour vous d'avoir une belle voiture. Beaucoup de pasteurs ont perdu leurs ministères parce qu'ils n'ont pas construit d'église quand ils auraient pu le faire. Ils faisaient toutes sortes d'autres choses et ont fini par être pauvres et sans-abri.

De nombreux ministres sautent sur l'occasion d'être invité à prêcher à l'Étranger. Tous les pasteurs sont enthousiastes à l'idée de recevoir des honoraires. Il faut que vous voyiez la construction de votre propre église comme une priorité. Vous pouvez vous affairer d'une église à l'autre, mais si vous ne construisez pas votre propre église, vous finirez par être pauvres et sans-abri. Vous me direz que Dieu ne vous protégeait pas et qu'il ne valait pas la peine de continuer ce ministère.

De nombreux ministres donnent la priorité aux gens riches, aux hommes d'affaires et aux politiciens puissants. Ils ignorent les jeunes, les enfants et les pauvres. Souvent, on n'est pas attentif à une chose à laquelle on donne la seconde place. Parce que les jeunes ne sont pas prioritaires, leur église meurt rapidement à cause de la rigidité et de la tradition de ceux que l'on juge comme étant importants. Les jeunes s'éloignent alors de Dieu ou rejoignent d'autres églises. Un jour, on pourrait vous demander, « Où trouvez-vous tous vos merveilleux dirigeants ? Comment se fait-il que nous n'ayons pas de telles personnes dans notre église ? » Vous n'avez pas de telles personnes dans votre église parce que vous n'avez jamais investi en eux. Ils n'ont jamais été une priorité pour vous.

*Chapitre 9*

# Se transformer en Pharisien

**Ils aiment la première place dans les festins, et les premiers sièges dans les synagogues ; Ils aiment à être salués dans les places publiques, et à être appelés par les hommes Rabbi, Rabbi.**

**Matthieu 23:6-7**

C'est l'une des principales erreurs que font les ministres après avoir servi Dieu pendant quelques années. Il est facile de devenir un Pharisien après avoir été ministre pendant un certain temps. Malheureusement, l'église est devenue aujourd'hui très similaire aux Pharisiens que le Christ a rencontrés au cours de son ministère sur terre. Les pasteurs présentent aujourd'hui de nombreuses caractéristiques des Pharisiens et des Sadducéens.

Je ne savais pas que l'endroit où un pasteur s'assoit est si important ! La première fois que j'ai constaté cette attitude de Pharisien, c'était quand un grand évangéliste guérisseur s'est rendu au Ghana. J'ai remarqué le protocole concernant l'endroit où chacun était assis. Il était très important pour tout le monde d'être assis à l'avant et sur le podium.

Moi-même, je voulais vraiment être sur scène, où se passait l'action. J'ai été le témoin d'un incident regrettable, où un pasteur très important avait pris siège dans le premier rang. Soudain, le pasteur, l'hôte et l'un des associés de l'évangéliste guérisseur sont venus, l'ont montré du doigt et lui ont dit : « Vous là, poussez-vous ». Ce ministre de premier plan a été choqué d'être déplacé au deuxième rang et est venu s'asseoir près de moi. Je me sentais très triste à ce sujet.

À une autre occasion, un grand homme de Dieu nous a rendu visite au Ghana. Ce fut un autre grand événement où des milliers de personnes étaient présentes. Nous avions invité tous les grands pasteurs de notre nation à participer au programme. Quels qu'aient été mes efforts, il me semblait que j'offensais quelqu'un. L'un des pasteurs était profondément offensé que je le mette au deuxième rang, tandis que d'autres qui, à son avis, étaient moins importants que lui, étaient au premier rang. Pour cette raison, il fut absent pour le reste du programme.

De nos jours, chaque fois que je dois organiser l'un de ces événements, j'ai toujours peur d'offenser quelqu'un. Je fais de mon mieux pour traiter tout le monde avec la plus grande dignité et le plus grand respect. Mais il semble toujours y avoir un problème. Me croiriez-vous si je vous dis que ce qui me donne les plus grands maux de tête, lors de l'organisation d'une croisade, ce n'est pas l'orientation des nouveaux convertis, mais la disposition des sièges des pasteurs VIP ?

Un jour, tout en discutant de la manière d'organiser un autre grand événement, j'ai dit à mon collègue organisateur, « J'ai une idée géniale : pourquoi ne mettons-nous pas un podium sans sièges afin que tout le monde soit assis dans l'assemblée ? » Nous avons essayé de mettre en œuvre ce plan, mais cela ne marchait tout simplement pas. Nous avons fini par charger notre estrade avec autant de chaises que possible afin que personne ne soit offensé ! Même alors, notre épreuve n'était pas terminée. Qui allait s'asseoir au premier rang ?

Cher ami, ce qui est important n'est pas où nous nous asseyons. Le plus grand au ciel est le serviteur et non le pasteur qui a l'apparence la plus impressionnante.

Le plus grand parmi vous sera votre serviteur.

**Quiconque s'élèvera sera abaissé, et quiconque s'abaissera sera élevé.**

**Matthieu 23:11-12**

Une fois, j'ai rencontré un groupe de jeunes gens qui voulaient être pasteurs. Je leur ai demandé : « Pourquoi voulez-vous être pasteurs ? » Aucun d'entre eux ne m'a donné une réponse satisfaisante. Il me semblait qu'ils voulaient juste d'être nommés pasteurs. Je leur ai demandé : « Êtes-vous devenus comme les Pharisiens ? Est-ce que ce sont les salutations dans les endroits publiques que vous aimez ? Vous voulez tout juste que les gens vous appellent pasteur ».

Au lieu d'aimer Dieu et d'aimer son peuple, nous aimons la reconnaissance qui vient avec le ministère. Pitié pour toujours ! Je n'écris pas cela parce que je suis différent. Je suis aussi coupable que n'importe qui d'autre. Que Dieu nous aide tous !

Les ministres sont inconsciemment en proie à l'orgueil, à l'insécurité et à la peur de l'homme. Sans le savoir, la plus grande influence sur nos vies n'est pas le Saint-Esprit. D'autres mauvais esprits ont pris le dessus et transforment les pasteurs en Pharisiens. Vous pouvez examiner chacun des points ci-dessous et voir si vous êtes inconsciemment devenu un pasteur Pharisien.

## Vingt-cinq signes que vous êtes devenu un Pharisien

1.  Les pasteurs Pharisiens aiment les positions et les titres.

    **Ils aiment la première place dans les festins, et les premiers sièges dans les synagogues ; Ils aiment à être salués dans les places publiques, et à être appelés par les hommes Rabbi, Rabbi. Mais vous, ne vous faites pas appeler Rabbi ; car un seul est votre Maître, et vous êtes tous frères.**

    **Matthieu 23:6-8 (Le message)**

2.  Les pasteurs Pharisiens sont hypocrites.

    **Sur ces entrefaites, les gens s'étant rassemblés par milliers, au point de se fouler les uns les autres, Jésus se mit à dire à ses disciples : Avant tout, gardez-vous du levain des Pharisiens, qui est l'hypocrisie.**

    **Luc 12:1**

3.  Les pasteurs Pharisiens sont spirituellement aveugles.

    **Laissez-les : ce sont des aveugles qui conduisent des aveugles ; si un aveugle conduit un aveugle, ils tomberont tous deux dans une fosse.**

    **Matthieu 15:14**

4.  Un pasteur Pharisien est très critique envers les autres sur les petites choses.

    **Les Pharisiens, voyant cela, lui dirent : Voici, tes disciples font ce qu'il n'est pas permis de faire pendant le sabbat.**

    **Matthieu 12:2**

5.  Les pasteurs Pharisiens sont stricts au point d'être cruels.

    **Et voici, il s'y trouvait un homme qui avait la main sèche. Ils demandèrent à Jésus : Est-il permis de faire une guérison les jours de sabbat ? C'était afin de pouvoir l'accuser.**
    **Il leur répondit : Lequel d'entre vous, s'il n'a qu'une brebis et qu'elle tombe dans une fosse le jour du sabbat, ne la saisira pour l'en retirer ?**
    **Combien un homme ne vaut-il pas plus qu'une brebis ! Il est donc permis de faire du bien les jours de sabbat.**
    **Alors il dit à l'homme : Étends ta main. Il l'étendit, et elle devint saine comme l'autre.**

    **Matthieu 12:10-13**

Aucune règle particulière, aucune doctrine ni aucun principe n'est la vérité. Jésus lui-même est la vérité. Il a dit, « Je suis le chemin, la vérité et la vie ».

**Jésus lui dit: Je suis ... la vérité ...**

**Jean 14:6**

Suivre Jésus de très près est notre meilleure chance de demeurer dans la vérité. Aujourd'hui, il est facile de voir que les Pharisiens étaient incroyablement éloignés de la vérité. Ils étaient loin de la vérité parce qu'ils étaient loin de Dieu Lui-même.

Qu'en est-il de nous ? À quelle distance sommes-nous de Dieu ? Peut-être que nous avons nous aussi des vieux principes que nous chérissons. Nous pensons qu'en suivant ces règles nous allons suivre Dieu. Pouvez-vous voir combien de mouvements et d'églises s'éloignent du Seigneur ? Beaucoup d'églises ont rejeté les règles actuelles de Dieu afin de garder leurs traditions.

**Il leur dit encore : Vous anéantissez fort bien le commandement de Dieu, pour garder votre tradition.**

**Marc 7: 9**

Il s'agit de la première cause de renoncement chez les personnes religieuses. Que Dieu nous aide tous !

6. Un pasteur Pharisien est un accusateur.

**Alors les scribes et les Pharisiens amenèrent une femme surprise en adultère ; et, la plaçant au milieu du peuple, ils dirent à Jésus : Maître, cette femme a été surprise en flagrant délit d'adultère.**

**Moïse, dans la loi, nous a ordonné de lapider de telles femmes: toi donc, que dis-tu ?**

**Ils disaient cela pour l'éprouver, afin de pouvoir l'accuser. Mais Jésus, s'étant baissé, écrivait avec le doigt sur la terre.**

**Jean 8: 3-6**

7. Les pasteurs Pharisiens imaginent le pire de tout le monde.

**Les Pharisiens, ayant entendu cela, dirent : cet homme ne chasse les démons que par Béelzébul, prince des démons.**

**Matthieu 12:24**

8. Les pasteurs Pharisiens sont facilement offensés par beaucoup de choses.

**Alors ses disciples s'approchèrent, et lui dirent : Sais-tu que les Pharisiens ont été scandalisés des paroles qu'ils ont entendues ?**

**Il répondit : Toute plante que n'a pas plantée mon Père céleste sera déracinée.**

**Laissez-les : ce sont des aveugles qui conduisent des aveugles ; si un aveugle conduit un aveugle, ils tomberont tous deux dans une fosse.**

**Matthieu 15:12-14**

9.    Les pasteurs Pharisiens savent beaucoup mais font peu.

**Les scribes et les Pharisiens sont assis dans la chaire de Moïse. Faites donc et observez tout ce qu'ils vous disent ; mais n'agissez pas selon leurs œuvres. Car ils disent, et ne font pas.**

**Matthieu 23:2-3**

10.  Les pasteurs Pharisiens ne pratiquent pas ce qu'ils prêchent.

**Faites donc et observez tout ce qu'ils vous disent ; mais n'agissez pas selon leurs œuvres. Car ils disent, et ne font pas.**

**Matthieu 23:3**

11.  Les pasteurs Pharisiens recherchent l'honneur des hommes.

**Ils font toutes leurs actions pour être vus des hommes. Ainsi, ils portent de larges phylactères, et ils ont de longues franges à leurs vêtements ;**
**Ils aiment la première place dans les festins, et les premiers sièges dans les synagogues ;**
**Ils aiment à être salués dans les places publiques, et à être appelés par les hommes Rabbi, Rabbi.**

**Matthieu 23:5-7**

12.  Les pasteurs Pharisiens éloignent les gens des bons ministères.

**Malheur à vous, scribes et Pharisiens hypocrites ! Parce que vous fermez aux hommes le royaume des cieux ; vous n'y entrez pas vous-mêmes, et vous n'y laissez pas entrer ceux qui veulent entrer.**

**Matthieu 23:13**

13.  Les pasteurs Pharisiens profitent des pauvres.

**Malheur à vous, scribes et Pharisiens hypocrites ! Parce que vous dévorez les maisons des veuves, et que vous faites pour l'apparence de longues prières ; à cause de cela, vous serez jugés plus sévèrement.**

**Matthieu 23:14**

14. Les pasteurs Pharisiens aiment faire bonne impression à l'extérieur.

**Malheur à vous, scribes et Pharisiens hypocrites ! Parce que vous nettoyez le dehors de la coupe et du plat, et qu'au dedans ils sont pleins de rapine et d'intempérance.**
**Pharisien aveugle ! Nettoie premièrement l'intérieur de la coupe et du plat, afin que l'extérieur aussi devienne net.**

**Matthieu 23: 25-26**

15. Les pasteurs Pharisiens ne sont pas miséricordieux, justes et fidèles.

**Malheur à vous, scribes et Pharisiens hypocrites ! parce que vous payez la dîme de la menthe, de l'aneth et du cumin, et que vous laissez ce qui est plus important dans la loi, la justice, la miséricorde et la fidélité : c'est là ce qu'il fallait pratiquer, sans négliger les autres choses.**

**Matthieu 23:23**

Les Pharisiens étaient très pointilleux sur les règles et les principes qu'ils avaient trouvés. Parce qu'ils ne connaissent pas Dieu, ils pensaient que Dieu était un principe ou une règle. Jésus a montré à plusieurs reprises que connaître Dieu et bien plus que de connaître les règles et les principes. Dieu est l'auteur de ces règles et les lois.

La prière est bonne mais aussi incroyable que cela soit, il y a un moment où ce n'est pas une bonne chose de prier. Il peut être le moment de prêcher ou de se reposer tout en étant en prière. La règle biblique bien acceptée que nous devons prier sans cesse comporte des variations et des exceptions, parfois fondées sur le moment.

Dans le jardin de Gethsémani, Jésus a demandé à ses disciples de prier. Mais à un moment donné, il les a exhortés à dormir. En d'autres termes, ne vous embêtez pas à prier davantage, dormez !

**Et il vint vers les disciples, qu'il trouva endormis, et il dit à Pierre : Vous n'avez donc pu veiller une heure avec moi !**

**Veillez et priez, afin que vous ne tombiez pas dans la tentation ; l'esprit es bien disposé, mais la chair est faible.**

**Puis il alla vers ses disciples, et leur dit : Vous dormez maintenant, et vous vous reposez !**

**Matthieu 26: 40, 41, 45**

Dieu n'est pas un livre. La Bible n'est pas un dieu. La Bible n'est pas Dieu. La Bible contient des principes, des règles et les Écritures. Il faut une relation personnelle et intime avec Dieu pour rester proche de Dieu.

16. Les pasteurs Pharisiens avalent des chameaux et coulent les moustiques.

   **Conducteurs aveugles ! Qui coulez le moucheron, et qui avalez le chameau.**

   **Matthieu 23:24**

17. Les pasteurs Pharisiens aiment l'argent au lieu d'aimer les gens.

   **Les Pharisiens, qui étaient avares, écoutaient aussi tout cela, et ils se moquaient de lui.**

   **Luc 16:14**

18. Les pasteurs Pharisiens pensent qu'ils sont meilleurs que les autres.

   **Il dit encore cette parabole, en vue de certaines personnes se persuadant qu'elles étaient justes, et ne faisant aucun cas des autres :**

   **Deux hommes montèrent au temple pour prier ; l'un était Pharisien, et l'autre publicain.**

   **Le Pharisien, debout, priait ainsi en lui-même : O Dieu, je te rends grâces de ce que je ne suis pas comme le reste des hommes, qui sont ravisseurs, injustes, adultères, ou même comme ce publicain.**

   **Luc 18: 9-11**

19. Les pasteurs Pharisiens se vantent de leurs réalisations.

**Le Pharisien, debout, priait ainsi en lui-même : O Dieu, je te rends grâces de ce que je ne suis pas comme le reste des hommes, qui sont ravisseurs, injustes, adultères, ou même comme ce publicain ; Je jeûne deux fois la semaine, je donne la dîme de tous mes revenus**

**Luc 18:11-12**

20. Les pasteurs Pharisiens sont jaloux du succès des autres ministres.

**Alors les principaux sacrificateurs et les pharisiens assemblèrent le sanhédrin et dirent : Que ferons-nous car cet homme fait beaucoup de miracles. Si nous le laissons faire, tous croiront en lui, et les Romains viendront détruire et notre ville et notre nation.**

**L'un d'eux, Caïphe, qui était souverain sacrificateur cette année-là, leur dit : Vous n'y entendez rien ; Vous ne réfléchissez pas qu'il est dans votre intérêt qu'un seul homme meure pour le peuple, et que la nation entière ne périsse pas.**

**Or, il ne dit pas cela de lui-même; mais étant souverain sacrificateur cette année-là, il prophétisa que Jésus devait mourir pour la nation. Et ce n'était pas pour la nation seulement ; c'était aussi afin de réunir en un seul corps les enfants de Dieu dispersés. Dès ce jour, ils résolurent de le faire mourir**

**Jean 11: 47-53**

21. Les pasteurs Pharisiens aiment suivre les traditions plutôt que la parole de Dieu.

**Il leur dit encore : Vous anéantissez fort bien le commandement de Dieu, pour garder votre tradition.**

**Marc 7: 9**

Jésus a été critiqué parce que ses disciples ne jeûnaient pas. Le jeûne est une pratique biblique bien acceptée. Jésus Lui-même a jeûné et ne s'est jamais prononcé contre le jeûne.

Alors pourquoi Ses disciples ne jeûnaient-ils pas ? Pourquoi semblait-il qu'il allait contre une règle biblique bien acceptée ? Comment pouvait-il violer quelque chose qui était sans aucun doute une bonne activité spirituelle ?

C'est parce qu'Il connaissait une exception à la règle biblique que les Pharisiens et les Sadducéens ne connaissaient pas. Il leur dit : « Pouvez-vous faire jeûner les amis de l'époux lorsque l'époux est avec eux ? » Par cette parole, Jésus a introduit une exception à la règle biblique basée sur le calendrier divin. Il a expliqué qu'il y avait des moments où il n'était pas approprié de jeûner, même si le jeûne était une bonne chose.

**Il leur répondit : Pouvez-vous faire jeûner les amis de l'époux pendant que l'époux est avec eux ?**

**Luc 5:34**

Quand vous marchez avec Dieu, vous avez besoin de connaître non seulement les principes bibliques, mais l'esprit du message. Sinon, vous allez devenir un Pharisien du Nouveau Testament. L'erreur s'installe quand nous connaissons les Écriture sans la puissance ou que nous connaissons la puissance sans les Écritures. Les deux sont nécessaires pour nous maintenir sur le droit chemin.

**Jésus leur répondit : Vous êtes dans l'erreur, parce que vous ne comprenez ni les Écritures, ni la puissance de Dieu.**

**Matthieu 22:29**

Dans ma marche avec Dieu, j'ai trouvé que beaucoup de choses justes étaient devenues mauvaises lorsque le Seigneur ne m'y menait pas.

22. Les pasteurs Pharisiens se justifient et ne comprennent jamais ce que vous dites.

**Jésus leur dit : Vous, vous cherchez à paraître justes devant les hommes, mais Dieu connaît vos cœurs ; car ce qui est élevé parmi les hommes est une abomination devant Dieu.**

**Luc 16:15**

23. Les pasteurs Pharisiens ne changeront pas d'avis en dépit de la preuve que vous leur montrez.

**Ils lui répondirent : tu es né tout entier dans le péché, et tu nous enseignes ! Et ils le chassèrent.**

**Jean 9:34**

24. Les pasteurs Pharisiens n'interagissent pas avec les pécheurs.

**Les Pharisiens virent cela, et ils dirent à ses disciples : pourquoi votre maître mange-t-il avec les publicains et les gens de mauvaise vie ?**

**Matthieu 9:11**

Jésus a été accusé d'avoir passé beaucoup de temps à fraterniser avec les pécheurs (Luc 5: 29-35). Les Pharisiens ne pouvaient pas aimer un chef religieux qui était aussi à l'aise dans le milieu de criminels bien connus. Ils lui ont opposé un principe divin bien accepté : « Une mauvaise compagnie nuit aux bonnes mœurs ».

Jésus connaissait ce principe, mais Il en savait un peu plus. Il connaissait l'exception biblique et Il leur dit : « Ce ne sont pas ceux qui se portent bien qui ont besoin de médecin, mais les malades. Je ne suis pas venu appeler à la repentance des justes, mais des pécheurs ».

Jésus, prenant la parole, leur dit : ce ne sont pas ceux qui se portent bien qui ont besoin de médecin, mais les malades.

**Je ne suis pas venu appeler à la repentance des justes, mais des pécheurs.**

**Luc 5: 31-32**

25. Les pasteurs Pharisiens peuvent sembler rigoureux, mais ils ne le sont pas vraiment.

**Car, je vous le dis, si votre justice ne surpasse celle des scribes et des Pharisiens, vous n'entrerez point dans le royaume des cieux.**

**Matthieu 5:20**

## Chapitre 10

# Amasser des trésors sur terre

**En vérité, en vérité, je vous le dis, celui qui croit en moi fera aussi les œuvres que je fais, et il en fera de plus grandes, parce que je m'en vais au Père.**

**Jean 14:12**

**P**eut-être, l'erreur la plus évidente des pasteurs aujourd'hui est de mettre l'accent sur la nécessité d'amasser des trésors sur la terre. *L'église d'aujourd'hui enseigne principalement la manière d'amasser des trésors sur terre. Les clés de l'abondance, la méthode pour devenir millionnaire, comment prospérer, comment obtenir un prêt, comment investir et comment être sur le marché !*

Mais pour être en mesure d'accomplir les œuvres de Jésus et, éventuellement, des œuvres plus grandes, nous ne pouvons pas et ne devons pas mettre l'accent sur le contraire de ce que Jésus a dit. Je veux être capable d'accomplir les œuvres que Jésus a faites. Les œuvres de Jésus ont été la prédication, l'enseignement et la guérison et la conduite de beaucoup de gens vers Dieu. Nous ne ressentons pas les œuvres de Jésus dans nos vies parce que nos objectifs en tant que Chrétiens sont complètement différents. Jésus nous a promis des trésors au Paradis. Que ce soit notre objectif ! Malheureusement, il est clair que nous ne sommes pas vraiment intéressés par les demeures célestes que Jésus nous a promises.

**Il y a plusieurs demeures dans la maison de mon Père. Si cela n'était pas, je vous l'aurais dit. Je vais vous préparer une place.**

**Jean 14:2**

Si nous avions cru que le Seigneur préparait une place pour nous, nos vies seraient bien différentes. Cependant, selon les enseignements des pasteurs aujourd'hui, il est évident que nous avons peu d'égard pour les demeures célestes. S'Il prépare une place pour nous, c'est très bien. Mais nous avons besoin de demeures *ici et maintenant* ! Nous ne nous soucions pas des demeures du Paradis. Nous avons besoin d'une demeure en ville et nous la voulons maintenant. C'est cette même attitude qui nous empêche de penser à l'éternité. C'est parce que les Chrétiens ne pensent pas à l'éternité de la bonne manière que nous sommes incapables de travailler pour Dieu.

### Ne vous AMASSEZ PAS DES TRÉSORS SUR LA TERRE ... mais amassez-vous des trésors dans le ciel

**Matthieu 6:19-20**

Il ne peut y avoir d'instruction plus claire que celle-ci. Il dit : « Préparez-vous pour le Ciel. Amassez-y votre trésor. Ne vous embêtez pas à amasser des choses sur la terre ».

Pourtant, la plus grande partie de l'église, sous la conduite de ses pasteurs, est occupée à amasser des trésors sur terre. Même si nous sommes pauvres, nous avons l'objectif d'amasser tous ces trésors sur terre. Notre vision est de faire exactement le contraire de ce que Jésus nous a demandé de faire. Tant que nous ne nous représentons pas de trésors dans le Ciel, nous ne serons pas motivés à travailler pour Dieu.

Le Chrétien ordinaire est très motivé pour travailler pour la banque Barclays ou pour toute autre banque. Il y voit un moyen d'amasser des trésors sur terre. Comme il est difficile pour nous de quitter des emplois laïcs prestigieux et travailler pour l'église. C'est considéré comme une folie absolue. Travailler pour l'église est perçu comme de la folie. Travailler pour Dieu vous permet d'amasser des trésors dans le Ciel.

Un professeur de l'école de médecine a demandé une fois à son personnel : « À quelle église allez-vous ? »

Lorsque le professeur a découvert qu'ils venaient à mon église, il se mit à rire pendant plusieurs minutes.

Puis il demanda : « Ce Dag Heward-Mills, est-il normal ? »

« Pourquoi demandez-vous s'il est normal ? » demanda quelqu'un.

Le professeur répondit : « Est-ce qu'une personne normale se comporte de cette façon ? Est-ce qu'un étudiant en médecine normal crée une église dans une salle de classe ? » Puis il continua en riant.

On a conseillé à une dame d'aller voir un psychiatre parce qu'elle préférait travailler dans son ministère plutôt qu'ailleurs. Ces attitudes contre le travail pour Dieu sont aussi les attitudes des Chrétiens régénérés. C'était un chrétien régénéré qui pensait que sa sœur devait voir un psychiatre parce qu'elle voulait travailler pour l'église.

Cette incrédulité ne se trouve pas seulement chez les professeurs incrédules, mais aussi parmi les croyants charismatiques régénérés. Cette attitude qui méprise l'œuvre éternelle se trouve dans ma propre église. On la trouve chez les pasteurs laïcs, et même parmi les pasteurs à plein temps qui prient pour que leurs enfants ne travaillent jamais pour une église.

Amasser des trésors pour le Ciel est une vérité que nous choisissons d'ignorer. Amasser des trésors sur terre (l'exact opposé de ce que Jésus a enseigné) est considéré comme la chose la plus sensée à faire.

Ce sont ces attitudes étonnantes qui montrent ce que nous croyons vraiment. Il n'est pas étonnant que nous ne puissions pas faire grand-chose de l'œuvre de Dieu.

Les autres religions témoignent souvent d'une foi beaucoup plus élevée dans la vie après la mort. Leurs kamikazes sont la plus grande preuve de cela. Partout dans le monde, ces kamikazes meurent sans crainte pour leur foi. Pendant ce temps-là, les Chrétiens se blottissent dans la peur, l'incrédulité et la faiblesse, incapables même de changer de métier pour l'Évangile.

Où sont les missionnaires d'autrefois qui ont donné leur vie dans les pays étrangers pour que l'Évangile puisse progresser ? Où sont les martyrs de l'Église primitive qui sont morts pour leur foi ? Ces personnes à l'esprit céleste ont sacrifié leur vie pour le royaume de Dieu à venir. Ces hommes, conscients de l'éternité, ont apporté un réel avancement de l'église de Dieu. Ils ont vraiment démontré qu'ils croyaient et c'est comme ça qu'ils ont fait venir les œuvres de Dieu.

Au lieu d'avoir des gens à l'esprit tourné vers l'éternité pour diriger l'église, nous sommes conduits par des pasteurs à l'esprit terrestre, dont le message à propos de l'argent est fort et clair. Vous pouvez presque les entendre dire : « Jésus parla plus de l'argent que d'autre chose ». Il n'y a rien de plus absurde que de dire que Jésus parlait plus d'argent que de toute autre chose ! En effet, Jésus a dit beaucoup de choses négatives au sujet de l'argent. Il a dit que nous ne devrions pas amasser des trésors ! Il a dit que pour les gens qui ont beaucoup d'argent, il serait plus facile de passer par le trou d'une aiguille que d'aller au Ciel ! Il a dit que l'ennemi de Dieu était Mammon. Paul a dit que ceux qui aiment l'argent se font de nombreuses blessures douloureuses.

Revenons à notre premier amour. Dieu est notre premier amour. Il est celui qui nous a aimés et nous a sauvés. Ne faisons pas l'erreur de tomber amoureux de ce monde. Ne devenons pas les ministres de la richesse, mais plutôt les ministres de l'Évangile. Dieu n'a pas envoyé son Fils dans le monde pour nous rendre riches. Il a envoyé Son Fils dans le monde afin que nous ne périssions pas, mais que nous ayons la vie éternelle !

Que Dieu nous aide à croire en l'éternité ! Puissions-nous sortir de l'état d'esprit terrestre et devenir de véritables chefs spirituels qui aident les gens à se rapprocher de Dieu et à trouver leur chemin vers le Ciel.